Universel Yvon Deschamps?

Du même auteur

BIOGRAPHIES – RÉCITS

| 1997 | Yvon Deschamps, un aventurier fragile. Éditions Québec Amérique.
| 1998 | Languirand, biographie. Éditions Libre Expression.
| 1999 | L'aventure unique d'un réseau de bâtisseurs. Éditions Transcontinental.
| 2002 | Les cahiers noirs de Lynda Lemay. Éditions Contreforts.
| 2004 | Universel Yvon Deschamps ? Éditions Contreforts

ESSAIS SUR LES VALEURS ET LES TENDANCES SOCIALES

- 1982 Analyse de ses valeurs personnelles. Éditions Québec Amérique.
- 1985 Intervenir avec cohérence. Éditions Québec Amérique.
- 1985 Les chemins de l'autodéveloppement. En collaboration. Éditions Québec Amérique.
- 1985 Pédagogie ouverte et autodéveloppement. Éditions NHP.
- 1990 L'Effet caméléon. Éditions Québec Amérique.
- 1991 Des idées d'avenir pour un monde qui vacille. Éditions Québec Amérique.
- 1995 Réussir l'avenir. Éditions NHP. Version Québec.
- 1995 Réussir l'avenir. Éditions NHP. Version Nouveau-Brunswick.
- 1996 Demain, une caricature d'aujourd'hui. Éditions NHP.
- 2002 Pour que les valeurs ne soient pas du vent. Éditions Contreforts.
- 2003 Quelle est votre mosaïque de vie ? Éditions Contreforts
- 2004 Vivre ses valeurs naturelles. Éditions Contreforts.

ESSAIS SUR LA PÉDAGOGIE OUVERTE ET LE PROJET ÉDUCATIF

- 1976 Vers une pratique de la pédagogie ouverte. Éditions NHP.
- 1991 Éducation aux valeurs et projet éducatif. Éditions Québec Amérique.
  Tome 1 : L'Approche. Tome 2 : Démarches et outils.
- 1992 Une pédagogie ouverte et interactive. Éditions Québec Amérique.
  Tome 1 : L'Approche. Tome 2 : Démarches et outils.
- 1999 Pour des pratiques pédagogiques revitalisées. Éditions MultiMondes.
  Collectif sous la direction de Luce Brossard.

OUVRAGES COMPLÉMENTAIRES DE CETTE CATÉGORIE :

- 1971 Techniques sociométriques et pratique pédagogique. Éditions NHP
- 1977 Plan d'études et pédagogie ouverte. En collaboration. Éditions NHP.
- 1979 Le projet éducatif. Éditions NHP.
- 1980 Le projet éducatif et son contexte. Éditions NHP
- 1980 Grille d'analyse réflexive pour cheminer en pédagogie ouverte.
  En collaboration. Éditions NHP.
- 1981 Évaluation et pédagogie ouverte. En collaboration. Éditions NHP.
- 1982 Activités ouvertes d'apprentissage. En collaboration. Éditions NHP.
- 1984 Des pratiques évaluatives. En collaboration. Éditions NHP.
- 1984 La pédagogie ouverte en question ? Débats autour de la philosophie
  de Claude Paquette UQAR. En collaboration. Éditions Québec Amérique.
- 1986 Vers une pratique de la supervision interactionnelle. Éditions NHP. Réimpression 1998.
- 1987 Implantation des programmes. Éditions Interaction.
- 1989 Outils de gestion pour la direction générale. Éditions Interaction.
- 1989 Outils de gestion pour la direction des services éducatifs. Éditions Interaction.

Pour plus de détails, consulter le site Internet de l'auteur : www.claudepaquette.qc.ca

Claude Paquette

Universel Yvon Deschamps ?

Avec la collaboration
de Maude Poissant et
de Michelyne Lortie

Éditions Contreforts
Case postale 590, Victoriaville, (Québec) G6P 6V7
Télécopieur : 819-382-2971
Adresse électronique : editions@claudepaquette.qc.ca

Site de Claude Paquette : http://www.claudepaquette.qc.ca

Diffusion et distributeur au Canada : Messageries ADP
1261-A, rue Shearer, Montréal (QC) H3K 3G4
Téléphone : 514-939-0180

Il est illégal de reproduire une partie quelconque de ce livre sans l'autorisation écrite de l'éditeur.

© Éditions Contreforts / PCP
Dépôt légal : 4e trimestre 2004
Bibliothèque nationale du Québec
Bibliothèque nationale du Canada
Imprimé au Canada

Conception graphique : Serge Tardif
Photographie de la page couverture : Camirand photo
Révision linguistique : Diane Martin

Table des matières

Première partie
1. Est-il moral d'être heureux? 13
2. L'âme d'Yvon, l'esprit Deschamps 21
3. Qu'est-ce que le bonheur? 35
4. L'amour à tous les âges 53
5. La soumission et la liberté 67

Deuxième partie
6. Deschamps vu par des jeunes 75
7. Commentaires et témoignages sur des monologues et des chansons 103

Troisième partie
8. De *Qu'ossa donne?* à *Comment ça 2000?* en passant par *U.S. qu'on s'en va?* 129
9. Une des idoles d'Yvon Deschamps 153
10. Est-on universel ou le devient-on? 157

Notes à la lectrice et au lecteur 161

*Yvon Deschamps est plus qu'un amuseur public.
Il est aussi un prodige littéraire, un interprète du plus ancien
et peut-être du plus influent genre littéraire du Canada.
Et je crois que c'est sur le plan littéraire qu'on finira
par rendre justice à son œuvre.*

Ronald Sutherland, A New Hero, 1977.

Première partie

1

« Est-il moral d'être heureux ? »

> *Le temps ne paraît pas propice*
> *Encore pour s'occuper des gens.*
> Tiré de *Comment, comment.*
> Yvon Deschamps, 1968.

Oscillation, bercement, vacillement. Quelquefois, la vie oscille du bonheur au malheur, de la foi au doute, de la sérénité à l'inquiétude, de la joie à la détresse, de l'action à l'inaction, de l'intensité à l'ennui... À d'autres moments, elle nous berce car tout est propice à la multiplication des instants de bonheur et de réjouissance. « Tout va pour le mieux dans le meilleur des mondes », affirme-t-on alors. À certaines époques, la vie vacille parce qu'elle est ébranlée par une perte de repères, par une série d'échecs ou de malchances, par la perte d'un être cher ou par une maladie qui mine l'espoir. Toutes ces situations remettent en question le sens même que chacun lui donne.

« C'est ça la vie », dirait Yvon Deschamps non pas par pessimisme, certainement un peu par fatalisme mais surtout par lucidité.

Depuis 1957, moment où il a joué le rôle de Pylade dans *Andromaque*, Yvon Deschamps travaille dans le milieu artistique, d'abord principalement comme acteur durant une dizaine d'années, ensuite comme monologuiste à partir de la création du spectacle-culte l'Ossitdcho en 1968. Donc le 28 mai 2008, cela fera quarante ans que Deschamps aura créé sur scène *Les unions, qu'ossa donne?*, le monologue fondateur de son œuvre.

Malgré tout le succès qu'il a connu depuis cette époque, il aura fallu trente ans pour que l'on reconnaisse que la somme de ses monologues et de ses chansons est une œuvre littéraire colossale. Avec la publication de l'ouvrage[1] *Tout Deschamps, trente ans de monologues et de chansons*, les journalistes et les critiques, même ceux qui sont dits sérieux, ont été subjugués par la rigueur et la profondeur de l'œuvre. Depuis, on constate que celle-ci est plus complexe et plus structurée qu'il n'y paraît à l'écoute.

Pour moi, l'œuvre de Deschamps n'est pas un recueil de blagues, mais une longue réflexion philosophique sur la vie, la sienne avant tout, et sur la société. Elle est une œuvre de continuité et de profondeur. Donc elle est très proche de ce qu'il est: «C'est simple, je m'observe moi-même. Tout le temps. Je me moque de moi. De plus, je vis dans une société, alors je ne peux pas ignorer les problèmes actuels et futurs, même si je ne les vis pas personnellement.»[2]

Son œuvre, il la portait en lui bien avant qu'elle ne s'exprime en 1968, à trente-trois ans, à travers le personnage qu'il a alors créé et qui évolue ou «dévolue» selon les époques.

≈

«Merci Claude pour la belle biographie», m'a écrit Yvon Deschamps dans une dédicace au moment de la parution de son ouvrage *Tout Deschamps, trente ans de monologues et de chansons*. On est en juin 1998, soit moins d'une année après le lancement, en septembre 1997, de la biographie qui porte le titre *Yvon Deschamps, un aventurier fragile*.

Rappelons que mon Deschamps est une biographie non autorisée[3] puisque le sujet l'a lue seulement au lendemain de son impression. Je tiens à souligner qu'il avait accepté cette règle du jeu tout en y collaborant par des entrevues qu'il m'a régulièrement accordées au cours des six premiers mois de l'année 1997.

Mes rencontres avec cet artiste me confirment qu'il est un ardent défenseur de la liberté de création et d'expression. Il est aussi un être d'une grande cohérence à l'égard de quelques valeurs fondamentales pour lui[4], et ce, malgré toutes les contradictions et tous les paradoxes qui l'habitent et qui, quelquefois, le déstabilisent.

Ce mélange explosif est peut-être ce qui fait la richesse de cet homme essentiellement bon. Un constat. Je n'aurais pas écrit cela dans ma biographie de Deschamps, mais c'est recevable dans le cadre du présent livre. Dans une biographie, je crois que le lecteur s'attend à une certaine objectivité à l'égard des faits et des événements de la vie du biographié. Il s'attend à ce que l'auteur ait de la rigueur quand il présente des analyses. Une biographie n'est pas un pamphlet sur un personnage. Avant tout, une biographie est essentiellement le récit d'une vie incarnée dans une époque. Avec Deschamps, j'avais aussi la matière d'une œuvre riche qui marque le Québec.

Oui, Yvon est un homme bon. Je sais que c'est totalement subjectif d'affirmer cela, mais son parcours, ses préoccupations et ses valeurs me le confirment. Par ses comportements et ses engagements, Yvon a démontré et démontre toujours qu'il est un véritable altruiste, qui combat ainsi, à sa mesure, l'égoïsme et l'individualisme qui dominent les actuelles valeurs de référence. Toute sa vie, Yvon n'a cessé de manifester sa générosité à l'égard des plus démunis de la société ainsi qu'auprès de personnes en difficulté. Ayant un souci des autres extrêmement aiguisé, il a très fréquemment financé des projets tout simplement parce qu'il voulait aider quelqu'un (le plus souvent des inconnus qui lui adressent des demandes) à s'en sortir ou même à réaliser un rêve. Encore aujourd'hui, je découvre des causes politiques et sociales dans lesquelles il s'est engagé tout au long de sa vie.

L'altruisme d'Yvon n'est pas seulement monétaire, c'est une qualité humaine, une attitude qu'il a en lui : donner, s'oublier pour les autres, avoir de la compassion pour eux, s'assurer qu'ils ont un minimum de sécurité. En ce sens, il n'a jamais oublié ses origines très modestes. Elles sont inscrites dans son âme profonde. Il aide aussi ses proches quand cela est nécessaire. La journaliste Louise Bombardier avait d'ailleurs demandé à Yvon s'il n'était pas un peu gêné que j'écrive dans sa biographie qu'il avait soutenu financièrement ses frères pendant de très longues années. Il a répondu qu'au contraire il aurait été gêné de ne pas l'avoir fait, parce que c'est une question de décence. Lui, il a de l'argent et il n'aiderait pas les autres sous prétexte qu'ils ne font pas ce qu'il faut dans la vie? Inconcevable pour lui. Yvon a le souci de traiter les autres avec humanité sans attendre rien en retour.

≈

Revenons à cette courte dédicace. Elle a eu un effet magique sur moi. Je ne l'attendais plus, même si je savais par ses proches qu'il avait apprécié mon bouquin. En quittant le Club Soda, je me souviens d'avoir trouvé belle l'avenue du Parc. C'est dire!

Aujourd'hui, je sais que j'avais besoin de ce petit commentaire afin de boucler la boucle de ce projet exigeant, mais combien excitant et valorisant. Je sais aussi que ce livre a changé ma vie d'auteur, mais également qu'il m'a confirmé dans plusieurs de mes convictions. Je sais enfin que les monologues de Deschamps contribuent depuis toujours à structurer ma pensée dans le domaine des valeurs et des tendances sociales. Le regard d'Yvon sur lui-même et sur la société est une invite à la lucidité, attitude essentielle dans ce monde conduit par l'incohérence et par le mensonge.

Ici, je ne vous raconterai pas comment j'ai décidé en 1996 d'écrire la biographie d'Yvon Deschamps. Cependant, pour les fins de la petite histoire, vous trouverez le récit de cela dans les notes au lecteur à la fin de ce livre[5].

Le présent ouvrage n'est pas la suite de cette biographie. Celle-ci viendra sûrement plus tard. *Universel Yvon Deschamps?* est un livre sur le thème de la résonance: Qu'est-ce qui touche chacun dans cette œuvre? Quelles sont les valeurs fortes proposées par Deschamps? Comment y réagissons-nous? Comment cette œuvre peut-elle soutenir notre réflexion et notre action personnelle?

Nous invite-t-elle à une révision de nos valeurs personnelles et des valeurs sociales? Qu'est-ce qu'une vie meilleure selon Yvon Deschamps? Qu'est-ce qu'une vie meilleure pour chacun de nous? Qu'est-ce que le bonheur? Existe-t-il un espoir qu'il existe? Etc.

De nombreux témoignages de fans et de non-fans d'Yvon Deschamps viendront étayer et illustrer mes propos. Dans un premier temps, j'ai obtenu un grand nombre de courts commentaires amassés sur plusieurs années: la réaction de l'un à un monologue particulier, l'appréciation d'un spectacle par d'autres, des commentaires enregistrés sur le vif au moyen d'entrevues. Donc une collecte de résonances minimalistes. Par la suite, cette première information a permis d'organiser des soirées Deschamps afin de discuter en profondeur des monologues et des chansons qui constituent son œuvre. J'ai également demandé à quelques personnes de réagir sur un plus grand nombre de monologues et de chansons. Dans ces cas, j'y ajoute mes commentaires et mes réactions personnelles.

Les témoignages colligés dans ce livre montrent que les monologues et les chansons d'Yvon Deschamps ont des résonances profondes chez celles et ceux qui s'y attardent, c'est-à-dire celles et ceux qui ne les écoutent pas « juste pour rire ».

Je suis de ceux-là.

≈

Est-il moral d'être heureux quand on observe ce qui se passe autour de soi et qu'on ne fait rien pour améliorer les choses?

Voilà la question fondamentale qu'Yvon Deschamps, l'homme et le créateur, pose à chacun de nous et à l'humanité entière.

Aujourd'hui même, alors que je révise ce chapitre qui pourrait être un prologue, l'humanité est triste mais résignée. Un massacre horrifiant a eu lieu dans une école à Beslan en Ossétie du Nord, une république située non loin de la Tchétchénie. Un chaos indescriptible qui est aussi saisissant que celui qui a fait suite aux événements du 11 septembre 2001. À Beslan, presque mille deux cents otages, nous informe-t-on! Plusieurs centaines de morts et encore plus de blessés. Des enfants, des parents, des enseignants…

Le président Poutine se présente à la télévision avec ce regard, le même que celui du président Bush: un regard mensonger. Une compassion stratégique qui sent le discours fabriqué. Horrifiant de froideur. Pour sa part, il y a quelques jours, répondant à la critique, le commando a justifié son intervention dans une école remplie d'élèves en déclarant que les Russes avaient tué quarante mille enfants tchétchènes au cours de la récente guerre. Alors, œil pour œil, dent pour dent. Partout dans le monde, les images de ce drame touchent tout un chacun.

Mais comme le dit Yvon Deschamps dans le monologue *Cable TV* de 1970: «On veut pas l'sawoère qu'osse qu'est arrivé: ON VEUT LE WOÈRE!» En fait, les causes d'un drame comme celui de Beslan n'intéressent pas tellement. Pourtant, il faudrait comprendre et prendre position. Il faudrait aussi agir pour changer le monde à l'aide d'une multitude de petites actions. Pourquoi se donner tout ce trouble? Le président Bush ne s'occupe-t-il pas de briser le terrorisme international avec humanité? Avant-hier, il l'a encore affirmé à New York. Bientôt, avec sa garde rapprochée, il justifiera les humiliations et les sévices faits aux Irakiens par le fait qu'on aura trouvé au moins un musulman parmi les membres du commando tchétchène. Œil pour œil, dent pour dent. Et le plus fort a toujours raison.

«US qu'on s'en va?» disait Deschamps dans un monologue de 1992. Aujourd'hui, partout dans le monde, les dirigeants politiques et économiques nous soumettent à l'idée que le monde est et continuera d'être un grand Far West sophistiqué organisé autour d'un darwinisme exacerbé. Nous prépare-t-on la fin du monde, comme le prétend le personnage de Deschamps dans un monologue inspiré par l'arrivée du XXIe siècle?

Mais heureusement hier soir, au réseau de nouvelles TVA, on a aussi eu droit à la présentation de la «bonne nouvelle de la journée» commanditée par la multinationale General Motors: Un groupe d'étudiants en médecine devant étudier à Trois-Rivièves ont été initiés au jeu de cricket. Les futurs médecins ont même eu droit à un costume de jeu blanc ayant les mêmes caractéristiques que celui qu'on a vu dans le film *La grande séduction*. On appelle cela une «nouvelle clin d'œil». Une vraie bonne nouvelle insignifiante. Désolant. Déprimant.

En ce jour, je suis persuadé qu'Yvon Deschamps est d'une humeur sombre à la suite des événements de Beslan, qu'il se demande même ce qu'il pourrait faire pour aider, lui qui le fait si souvent au nom de causes qui lui tiennent à cœur.

Mais «qu'ossa donne», dirait le personnage sans nom inventé par Deschamps. Pour sa part, le citoyen Yvon restera attentif, au cas où se présenterait une occasion de soutenir quelques personnes qui vivent ce drame inhumain.

Je sais aussi qu'il fait sienne cette réflexion de l'écrivain Albert Camus[6]: «Quelle que soit la cause que l'on défend, elle restera toujours déshonorée par le massacre aveugle d'une foule innocente...»

Est-il moral d'être heureux?

2

L'âme d'Yvon, l'esprit Deschamps

> *Qu'est-ce que l'idéal?*
> *C'est l'épanouissement de l'âme humaine.*
> *Qu'est-ce que l'âme humaine?*
> *C'est la plus haute fleur de la nature.*
>   Extrait d'un discours
>   de Jean Jaurès prononcé à Albi
>   le 31 Juillet 1888.

Connaître ce qui vaut pour une personne
est important parce que cela permet
de mieux se connaître soi-même.

    Étant un artiste, mais aussi un personnage public, voire même un phénomène, Yvon Deschamps a nécessairement une influence sur celles et ceux qui s'attachent à ses œuvres personnelles et sociales. L'attachement à une personne commence souvent par l'intuition qu'elle peut contribuer à notre propre intuition qui, par la suite, passe nécessairement par une connaissance de ce qu'elle est dans son âme et dans son esprit.

J'admets facilement qu'il est prétentieux de croire que l'on puisse saisir l'âme profonde d'une autre personne, même après une longue fréquentation de celle-ci. Saisir l'intimité profonde d'un être est nécessairement approximatif, quoiqu'on puise s'en rapprocher quand on aborde des thèmes plus personnels comme le sens de la vie, le bonheur ou la liberté, ou quand on sonde les désirs, les rêves, voire même les passions.

En réalité, lorsque l'on est biographe, il faut avoir cette humilité qui permet d'accepter qu'on n'atteint qu'une certaine part de l'individu rencontré; il reste toujours un côté de la personne que l'on ne peut pas transpercer, même si elle est très ouverte. Le terme « âme profonde » est adéquat, parce que ce que l'on réussit à toucher, en entrevue ou en côtoyant longtemps une personne, c'est surtout sa philosophie de vie et ses convictions profondes. C'est une parcelle de cette âme profonde qui se décrit et qui s'observe dans des propos, dans les œuvres et dans des détails de la vie quotidienne. Mais on n'ouvre pas facilement la porte de ses jardins secrets.

J'ai longuement réfléchi quand Yvon m'a affirmé que ce qu'il y avait dans son âme profonde, il n'y avait que lui qui pouvait y avoir accès. Moi qui croyais, à cette époque, qu'elle s'exprimait quasi totalement dans son œuvre même.

Quelques repères pour saisir une parcelle de cette âme

Il reste toutefois logique de ne pas pouvoir saisir l'intimité profonde de quelqu'un. En réalité, chaque individu fait face à des interrogations à propos de lui-même : on se pose des questions, on a des doutes, on se demande ce qu'on fait ici-bas, etc. Yvon ne fait pas exception à la règle. Il m'a étonné, dès la première entrevue, par sa conception même de la vie. « Pourquoi tout ça ? » est la question fondamentale qu'il se pose depuis toujours sur le sens de l'existence. Malgré toute sa recherche personnelle sur cette question fondamentale, je crois qu'il est toujours devant un grand vide. « Pour rien », répondra-t-il fréquemment.

Je lui ai fait alors remarquer qu'il a accompli un nombre important de choses, qu'il est maintenant un phénomène unique au Québec, qu'il a rassemblé des individus avec son humour, qu'il les a fait réfléchir, qu'il crée sans cesse une œuvre, mais il m'a répondu que, de toute façon, tout est toujours à recommencer.

Sans doute m'a-t-il donné cette réponse défaitiste dans un moment un peu noir de son existence. C'est cyclique chez lui; je l'ai remarqué au cours de ces six mois d'entrevues et au cours des rencontres dans les années suivantes, Yvon vit des périodes pendant lesquelles il voit tout en noir et d'autres, à la suite d'un événement qui le rend heureux ou tout simplement parce que c'est comme ça, où il ne voit plus les choses de la même façon.

J'interprète sa conception du bonheur de la manière suivante: il y a des instants de bonheur qui se présentent à nous dans la vie et nous sommes parfois capables de les saisir, et parfois non. Le bonheur n'est donc pas la somme de tous les moments heureux de notre vie mais bien de brefs instants, çà et là. Cela ne veut pas dire que tous les autres instants sont marqués par le malheur. Dans la vie, on est rarement heureux ou malheureux. On oscille entre ces deux états sans vraiment être totalement l'un ou l'autre. D'où, je crois, un sentiment d'inaccomplissement qui suit sans cesse chacun.

Chez Yvon, ces autres instants se traduisent par une tristesse qui l'envahit et par un sentiment de malaise face à la vie. Dans ces cas, il a appris qu'une alternative se présente à lui: il se laisse aller au fond de ce trou noir ou il réagit en s'obligeant à faire des choses, à agir. À ma connaissance, il a toujours choisi la deuxième solution.

Il est significatif que la plupart des monologues qu'il a créés au début de sa carrière d'humoriste portent sur l'une des valeurs les plus hautes: le bonheur. Dans cette réflexion philosophique qu'il fait sur le bonheur, Yvon Deschamps constate pour lui-même ceci: «Je n'ai pas cette aisance naturelle qui pousse vers le bonheur.»

J'y reviendrai dans un prochain chapitre sur ce thème du bonheur.

«Qu'ossa donne?» Dans les rencontres organisées avec des «fans» autour du thème de ce livre, je me suis vite rendu compte que cette question de sens est présente chez tous, mais qu'elle est la plupart du temps éludée. Je résume les propos souvent tenus dans la citation suivante venant d'un ingénieur dans la jeune quarantaine: «Aujourd'hui, on court tout le temps justement parce qu'on ne veut pas avoir de temps pour réfléchir à ce genre de questions insolubles.» Sagesse ou fuite? Peut-on être heureux malgré une absence de réponse à cette question?

Les contradictions, richesse ou tristesse?

Qui ne vit pas de contradictions?

Après avoir publié la biographie, nous sommes allés, lui et moi, à l'émission *Plaisir de lire* animée par Louise Bombardier. Au cours de l'entrevue, Louise a questionné Yvon à propos de ses contradictions politiques et personnelles et elle lui a demandé si, dans le cas où les contradictions politiques du Québec en venaient à se régler, les siennes se régleraient d'elles-mêmes. Sa réponse a été immédiate: «Ah! non, jamais. Impossible. Je suis fait comme ça!» Autrement dit, c'est un peu comme s'il y avait une marge entre ce qu'il souhaite accomplir et ce qu'il est capable de réaliser. Le plus bel exemple de cela est sans doute celui de la liberté. En 1974, dans son monologue sur la liberté, Deschamps dit que certaines personnes doivent sacrifier leur propre liberté pour que d'autres puissent avoir la leur. Si certaines personnes sont libres, c'est parce que d'autres, ailleurs, ne le sont pas. Je crois que cette idée est essentielle pour comprendre la personnalité d'Yvon Deschamps parce que, d'une certaine façon, elle contient un paradoxe. Un peu comme s'il donnait tout ce qu'il pouvait pour que les autres puissent être libres sans toutefois exiger la réciproque. Je sens que c'est dans sa nature profonde d'agir comme ça: il n'exige pas pour lui-même ce qu'il donne aux autres. Un peu comme s'il croyait tellement en une valeur qu'il était prêt à s'en priver, à vivre lui-même la contre-valeur de celle à laquelle il croit pour que les autres puissent vivre cette valeur. Cette façon de vivre ses valeurs est très particulière et difficilement définissable. Cela ne m'avait d'ailleurs jamais effleuré l'esprit que l'on puisse vivre de cette façon, même au cours de mes recherches dans ce domaine, notamment avec le livre *L'effet caméléon* que j'ai écrit en 1990, et qui traite de la réalité des gens vivant beaucoup de contradictions, je n'y avais jamais pensé.

La philosophie d'Yvon m'a donc marqué et, même aujourd'hui, elle me laisse encore perplexe.

Les accidents de parcours

Il y a une autre constante importante dans la philosophie d'Yvon Deschamps, c'est que nos choix ont finalement peu d'incidence sur notre vie. J'ai déjà abordé ce qu'Yvon appelle les « accidents de parcours », des événements à première vue banals qui, en réalité, déterminent souvent notre vie. Comme si l'on ne possédait pas la liberté de choisir parce que notre vie nous rattrape de toute façon. J'ai vu un excellent exemple de cela dans une scène du film *L'Homme du train* avec Johnny Hallyday et Jean Rochefort, dans lequel ce dernier joue un professeur de littérature à la retraite qui cherche à changer le cours de sa vie routinière et sans histoire en s'immisçant dans une bagarre à laquelle il est totalement étranger. Or, au moment où il tape sur l'épaule du truand pour le tabasser, celui-ci le reconnaît immédiatement comme son ancien professeur et se met à lui dire que ses cours de poésie ont vraiment changé sa vie. Donc, même si Rochefort choisit de modifier sa vie, elle le rattrape, malgré lui. Il revient s'attabler avec Johnny Hallyday qui joue le rôle d'un criminel se préparant à un audacieux vol de banque.

Yvon a un peu la même vision des choses: par exemple, lorsqu'il parle de son premier emploi à Radio-Canada, il affirme qu'il n'a pas vraiment choisi d'y aller, c'est un événement qui s'est produit grâce au hasard. Il a dit aimer le jazz à un préposé d'un centre de la main d'œuvre et on lui a offert un poste à Radio-Canada. Dès ce moment, sa vie a pris une nouvelle direction, il a fréquenté des gens qui l'ont mis sur la voie du théâtre, il s'est intéressé à la culture, puis il a fait *L'Osstidcho*, etc. La proposition aurait pu être différente: « Tu aimes la musique, alors j'ai quelque chose pour toi dans un bar. » Il aurait pu aller travailler comme portier dans un bar, rencontrer des membres de la mafia, devenir un criminel et tout cela, à cause d'un minuscule événement qui n'a duré que quelques minutes. Dans un tel contexte, on ne peut donc pas affirmer que les décisions que l'on prend dans la vie ont une grande portée sur notre existence future. Tout est plutôt relié aux conjectures, au hasard, aux événements qui se produisent quotidiennement dans notre vie. Selon cette première conception, les événements conduisent la vie. À partir du moment où l'on aborde les choses de cette façon, on se considère comme moins libre, car on ne croit plus à la possibilité de faire des choix réels et de les assumer. Mais dans cette idée des « accidents de parcours », il y a aussi une autre version : il est possible théoriquement de changer délibérément le cours de sa vie des dizaines de fois par jour. Effectivement, chacun a cette liberté-là, mais serait-elle vivable et surtout serait-elle responsable ?

Par son œuvre et par sa vie, Yvon Deschamps nous interroge donc sans cesse sur la liberté et sur la dépendance. Valeur et contre-valeur. On peut suivre le courant, faire de son mieux, mais laisser advenir les événements sans vraiment essayer de les provoquer ou de les changer. On peut arriver à supporter une situation qui nous plaît plus ou moins, qui ne correspond pas en tous points à ce que nous désirons ou croyions. On peut aussi être totalement mal à l'aise avec la dépendance et la soumission et leur préférer la liberté personnelle. À chacun son choix ! Peut-être.

« C'est pas moi qui le dis, là, c'est le personnage ! »

Ce personnage sans nom, qui suit Deschamps depuis un bon moment déjà, il faut comprendre qu'il l'a mis au monde, qu'il lui a donné la parole à travers ses nombreux monologues, mais il ne doit pas pour autant être confondu avec Yvon l'homme. Ce que dit et pense ce personnage n'est pas la pensée intime de Deschamps. Il le dit d'ailleurs à plusieurs reprises dans son monologue *La fin du monde* : « [...] c'est pas moi qui le dis, là, c'est mon personnage ! » Ce dernier adopte un comportement assez précis et forme un tout plutôt homogène : il comprend la vie au premier degré, il est conformiste et il porte des jugements de valeur très rapides sur les gens ainsi que sur les événements de l'actualité. Il est un peu naïf, soumis, fondamentalement bon, mais sa capacité d'analyse est pauvre et son opinion est davantage émotive que rationnelle. Ce que fait Deschamps, finalement, c'est d'emprunter un discours très particulier, celui de ce personnage à l'esprit étroit, et de pousser sa logique jusqu'au bout, de façon à ce que le public réagisse fortement et saisisse les messages qu'Yvon veut faire passer au second degré. Il y a évidemment un risque à procéder de cette façon, et c'est ce qui est arrivé avec, entre autres, le monologue *La libération de la femme*, qui a été condamné par certaines féministes de l'époque l'ayant interprété à la lettre. On doit pourtant arriver à comprendre que lorsque Yvon est sur scène, il n'est qu'une voix, celle par laquelle transite son personnage. Ce n'est pas lui qui s'exprime directement et c'est pourquoi il peut repousser les limites de ce qui se dit et ce qui ne se dit pas. Le paradoxe de ce personnage peut être mis en relation avec les solides contradictions propres à la société québécoise. En effet, la nation québécoise hésite souvent, elle a de la difficulté à trancher, à choisir, à condamner. Difficilement capable d'exclure quoi ou qui que ce soit, le Québec arrondit peu à peu les coins, tolère un peu n'importe quoi, rechigne, puis l'accepte. Le personnage créé par Yvon a donc tenu un rôle important dans sa carrière parce qu'il reflétait les incohérences de notre société. En fait, ce personnage a ébranlé les mentalités en les obligeant à faire face à leur propre inertie par l'entremise d'un discours à deux niveaux. Le personnage a évolué au fil des monologues, il s'est étoffé avec le temps et s'est complexifié pour devenir une entité en soi. Pourtant, en 1974, Yvon n'en pouvait plus : ce personnage prenait trop de place et il a décidé de le faire mourir au cours d'une représentation. Le public, surpris, a été troublé par cette scène tragique insérée dans un monologue dit humoristique. Aujourd'hui, Yvon utilise parfois encore ce personnage, mais il a élargi ses possibilités en inventant de nouveaux protagonistes.

Savoir saisir les mouvances d'un peuple

Les monologues d'Yvon Deschamps ont été et restent imbriqués dans le paysage social québécois. Même après la disparition de son personnage, Yvon a continué d'élaborer ses textes au rythme de l'évolution de la société québécoise. Il a toujours eu cette lucidité qui lui permet de cerner les grandes tendances sociales. Souvent, il devance les thèmes importants de la politique ou de l'actualité. Son œuvre peut presque être qualifiée d'emblématique de l'évolution du peuple québécois. Son monologue sur les handicapés, *La p'tite mentale*, a précédé d'un an la décision de l'ONU de proclamer l'année internationale des handicapés. Ce fut la même chose pour *La libération de la femme*, qui a aussi devancé l'année internationale de la femme ainsi qu'une mobilisation généralisée pour l'émancipation de la femme.

Deschamps sait percevoir l'état d'esprit collectif ainsi que les préoccupations sociales, et cela constitue le matériau de base de ses monologues. C'est un peu comme s'il pressentait les grands mouvements sociaux de la société dans laquelle il évolue. C'est d'ailleurs ce discernement, cette façon de produire un discours qui se renouvelle et s'adapte régulièrement à l'évolution du public, qui assure à Yvon une continuité.

Le « personnage sans nom »

Il est intéressant de revenir sur les caractéristiques du personnage créé par Deschamps. Ce personnage, on lui a accolé tous les qualificatifs possibles : niais, fataliste, béat, naïf, opprimé, exploité, machiste, ridicule, pitoyable, etc. Le sens à tirer du discours du personnage est double : il faut savoir lire derrière ce qu'il dit. L'auteur Deschamps joue toujours sur la valeur et la contre-valeur. Ce n'est pas parce que le personnage de 1974 affirme que les femmes doivent rester à la maison et cuisiner que c'est ce qu'Yvon pense. Au contraire, c'est plutôt une façon de dénoncer un état des choses, de provoquer, de faire réfléchir sur la condition des femmes en l'abordant de façon naïve. Le personnage est en fait le véhicule par lequel Yvon dénonce certaines réalités. Sur le plan du discours, donc des opinions émises, l'auteur n'est pas l'équivalent de son personnage. Par contre, il reste que certaines caractéristiques perceptibles chez le personnage le sont aussi chez Yvon : Ils sont tous deux inquiets dans la vie, ils ont des craintes et des peurs, ils se posent beaucoup de questions, pas au sujet des mêmes choses, mais c'est tout de même un autre trait de caractère commun.

Pour avoir fait des entrevues avec lui pendant plusieurs mois, je peux affirmer qu'Yvon est habité par des doutes beaucoup plus que la majorité des gens. C'est l'une de ses caractéristiques premières, il s'interroge à propos de tout, il doute souvent de ce qu'il fait et il est de nature soucieuse. Par exemple, il se soucie de la condition de son peuple et des autres peuples, il s'inquiète pour ces gens-là, il s'est impliqué dans plusieurs causes sociales et politiques ici et ailleurs. Alors que son personnage des années 2000, lui, s'inquiète parce qu'il voit arriver plusieurs nouvelles ethnies dans son entourage, il n'aime pas ce changement, ça le dérange. Je rappelle qu'Yvon est quelque peu fataliste face à la vie, défaitiste, il ne croit pas que l'existence mène quelque part, et cela se répercute aussi sur l'attitude de son personnage, qui a une façon semblable d'aborder les choses.

Les frontières entre l'homme et le personnage ne sont donc pas totalement hermétiques. De toute façon, cela fait partie du processus de création, car ce qu'un artiste conçoit ne peut pas être totalement éloigné de lui. Même si ce ne sont pas directement ses propres idées, même si l'artiste possède la capacité de créer un monde différent du sien, il reste que ce monde est bâti à partir de ses propres expériences, de sa vision du monde et des valeurs qui l'habitent.

La liberté acquise à travers ce personnage

> *Deschamps a su transformer la provocation en marteau philosophique pour édifier une œuvre sans équivalent dans notre univers culturel.*
> Louis Cornellier[7]

Ce personnage va donc très loin dans ses propos: il provoque des réactions véhémentes, il fait réfléchir, il tient des propos qui ne laissent pas indifférent. Yvon a depuis toujours tenu à conserver une grande liberté dans son travail de création, et je crois que cela reste un trait dominant chez lui. Il ne s'est en effet jamais laissé dicter quoi que ce soit dans sa vie professionnelle. Il s'est accordé toute la latitude dont il avait besoin. En ce sens, il obéit à ses propres règles et à ses propres lois. Ce qu'il a voulu traiter sur scène, il l'a fait, malgré les conjectures sociales, malgré les avis des autres et malgré les exigences du milieu du show-business. En 1969, quand est venu pour lui le temps d'écrire sur le racisme, avec *Nigger Black*, Yvon l'a fait. Dernièrement, comme je le mentionne précédemment, il a créé un nouveau monologue sur les «ethnies» qui est drôle, provocant et ravageur. Pourtant, c'est un thème sensible et délicat à aborder, on sait que certaines personnalités ont payé très cher la liberté de s'exprimer sur ce sujet chaud un peu partout en Occident. On me dit que plusieurs des proches d'Yvon ressentaient un malaise avec ce monologue, mais l'artiste a décidé d'en poursuivre la présentation dans ses spectacles.

On dirait qu'Yvon Deschamps a fait sien le proverbe suivant: «Fais ce que dois et advienne que pourra.»

Les trois vies du personnage d'Yvon Deschamps

1) Pour la période de 1968 et 1974, le personnage de Deschamps répond aux caractéristiques présentées dans les pages précédentes. Alain Pontaut[8] propose une synthèse claire de la complexité du créateur Deschamps de cette époque.

«[...] lui, l'homme, au naturel, le vrai qui nous parle parfois à la première personne en son nom, avant ou après les monologues, dans un engagement personnel, des chansons, dans de brefs commentaires;

«le personnage, anonyme mais omniprésent des monologues;

«l'auteur du personnage, Deschamps individu encore mais individu créateur, pensant, dessinant, inventant, alimentant ce personnage aussi hallucinant d'identité que sans identité (il ne s'appelle pas, dit son auteur, on ne l'appelle pas non plus);

«et enfin et aussi important que l'auteur, l'interprète du personnage.»

À la fin de chacun de ses spectacles de 1973-1974, avec le monologue *La mort du boss*, Yvon Deschamps met un terme à la vie de ce personnage tel qu'il est connu depuis 1968. Il s'en explique: «La mort du boss, c'était une façon de me libérer du personnage du gars de la *shop* et de son *p'tit* afin de pouvoir passer à autre chose. Et puis, une fois dans ma vie, je voulais faire du drame. Le personnage tue son *p'tit* et ensuite il se suicide: c'est vraiment du drame. Admettons que ce n'est pas ce que j'ai fait de plus drôle dans ma vie. »[9]

Je me souviens encore de ce grand frisson qui m'a traversé quand j'ai entendu et surtout compris les dernières minutes de ce monologue. Aussi, je me rappelle cette salle pleine à craquer qui est suspendue entre l'amusement et l'étonnement, entre l'acceptable et l'inacceptable, entre la retenue et l'emportement. Le drame était aussi dans la salle. Tout un malaise.

2) Pour la période de 1975 à 1985, le personnage sans nom est devenu multiple et il trouble davantage l'esprit des spectateurs.

Au cours de cette deuxième période, j'estime que Deschamps soulève un questionnement important à propos de l'âme même de la société québécoise en abordant des thèmes comme la fierté, la peur, la famille, le temps, la vieillesse, la violence. C'est d'ailleurs sa force : tâter le pouls de notre société, la comprendre et la représenter dans toutes ses failles et ses contradictions qui sont toujours proches de l'identité de chacun. À cette époque, les Québécois sont peut-être moins chialeurs, mais ils se plaignent beaucoup en extériorisant leur insatisfaction. Nous sommes aussi un peuple qui généralise facilement, abusivement même. Au moment de nous exprimer socialement en tant que peuple (l'exemple du référendum de 1980 est sans doute le plus probant), au moment de prendre une décision véritable, on ne sait plus se manifester. On recule, on se tait, on piétine, on commence à avoir peur, on renonce.

Deschamps exploite alors ces attitudes du Québécois. D'une certaine manière, on se reconnaît dans le personnage créé par Deschamps et certaines personnes sont même incapables de supporter la collision des valeurs qu'il met en évidence. Bien sûr, l'attitude du personnage provoque le rire, mais il subsiste toujours un certain trouble dans l'esprit du spectateur, parce que ce dernier s'identifie à ce qu'il entend, dans un premier temps, et qu'il n'aime pas ce qu'il comprend, dans un deuxième temps.

Professeur de littérature et critique littéraire, Louis Cornellier explicite ce procédé : « Deschamps installe une dialectique qui fait passer son auditeur de l'identification à la distanciation. Ainsi, on adhère d'abord au propos pour ensuite, au moment où il se radicalise, vouloir s'en détacher, mais c'est pour mieux se rendre compte que ce deuxième réflexe est miné par l'identification initiale. [...] D'où l'efficacité redoutable du procédé. »[10]

Le procédé utilisé par Deschamps déstabilise aussi le spectateur pour un long moment, comme l'explique un fan de la première heure de l'humoriste : « Je me souviens d'avoir été troublé pendant de nombreuses semaines par des monologues comme *L'intolérance* ou *La petite mentale* ou *La manipulation*. Encore aujourd'hui, je les réentends avec le même malaise. J'ai beau ne rien prendre au premier degré, j'ai beau me dire que c'est de l'humour, il n'en demeure pas moins que Deschamps va me chercher quelquefois dans les recoins les plus sombres de mon âme profonde. Par exemple, on sait tous qu'on n'est pas totalement tolérant ou totalement intolérant. Mais quelquefois je me surprends à m'avouer que je suis passablement intolérant. Ça me choque. Mais les faits sont là. Avec l'âge, on dirait que ces côtés sombres ou cachés de ma personnalité remontent de plus en plus à la surface. M. Deschamps devrait peut-être écrire un monologue sur le sujet. Je suis persuadé que je ne suis pas le seul dans cette situation. »

3) Pour la période de 1992 à aujourd'hui, le personnage sans nom réapparaît quand le jeu valeur / contre-valeur l'exige. Mais depuis le début de cette période, Yvon s'ouvre de plus en plus aux tendances profondes qui marquent le présent et l'avenir. Ce créateur possède cette faculté, et c'est là toute la qualité de son art, de saisir la position de la société et de projeter sur scène des réalités qui

sont, et qui restent d'actualité. Il y a une synergie entre le milieu dans lequel il vit, son existence propre et sa création. Il exploite cette lucidité que le philosophe Bergson nomme «la lucidité des événements». Évidemment, cela est sans doute valable pour tous les artistes, mais il reste qu'Yvon aborde des thématiques essentielles qui ne passent pas de mode. Si l'on compare son travail avec celui des autres humoristes, on note toujours chez Deschamps une profondeur, une réflexion, qui n'est pas toujours présente dans les monologues des artistes plus contemporains, plus portés à la blague pour la blague. Ce qu'Yvon ajoute dans ses textes, c'est donc la réflexion et la provocation. Il ne se contente pas de ridiculiser les attitudes sociales, il les présente sous un angle à la fois naïf et réaliste pour provoquer une remise en question.

Donc, d'une certaine façon, par ses propos ironiques et quelquefois cyniques, il engage le public à se poser aussi des questions touchant l'avenir individuel et collectif. En ce sens, tous les monologues tirés de son dernier spectacle font un bilan de société peu reluisant[11], mais ouvrent des pistes de solution pour qui veut vraiment changer les choses. C'est une façon de secouer les gens pour qu'ils réfléchissent et qu'ils remettent en place leur échelle de valeurs et pour qu'ils les communiquent. À travers son art, son humour, il invite le public à s'interroger à propos de ses valeurs et à se manifester.

Par contre, j'affirme que les chansons composées par Deschamps se rapprochent beaucoup de ce qu'il pense et de ce qu'il croit important dans la vie. Rares sont les chansons qui font appel au processus de la valeur et de la contre-valeur. Les propos de celles-ci sont beaucoup plus intimistes et ils s'approchent de l'humanité qu'on observe chez Yvon quand on le fréquente plus régulièrement.

On dit souvent qu'Yvon Deschamps a une pensée libre. C'est vrai. Mais la création du personnage est sans aucun doute ce qui lui a permis de l'exercer sans réserve et sans contraintes.

3

Qu'est-ce que le bonheur?

> *La philosophie ne consiste pas à tenir des discours abstraits ou à connaître des doctrines, mais à utiliser sa raison pour devenir plus sage et être ainsi plus heureux dans sa vie. [...]*
>
> *Le titre de philosophe convient à toute personne qui cherche la sagesse dans sa vie avec un amour sincère quels que soient son âge, son niveau intellectuel et sa profession.*
>
> Bruno Giuliani[12]

Il n'est pas étonnant que le thème du bonheur fasse l'objet d'autant de livres et de conceptions différentes. « On désigne par bonheur quelque chose de complexe et de confus, un de ces concepts que l'humanité a voulu laisser dans le vague pour que chacun le détermine à sa manière », écrit Henri Bergson. Accepter ce propos n'indique pas que le bonheur soit indéfinissable. Il signifie simplement qu'il appartient à chacun de nommer ce qui le rend heureux puisque le bonheur est avant tout un état d'esprit, mais aussi une question de valeurs.

Dans ce chapitre, c'est le monologue sur le bonheur créé en 1968 qui sert de locomotive.

Je vous invite à suivre Yvon Deschamps dans sa réflexion sur la vie et sur le bonheur en sachant que celui-ci dit ne pas avoir cette aisance nécessaire. Suivra le témoignage de Maude, vingt-sept ans.

Septembre 2000 : la valse des hésitations[13]

En terminant ses spectacles de l'été au manoir Rouville-Campbell, Yvon sait, malgré le succès obtenu, qu'il remettra tout en question encore une fois. Depuis toujours, il est déchiré entre la joie du spectacle et le stress indéfinissable qu'il vit chaque fois. Après plus de quarante ans de scène, dont plus de trente comme monologuiste, il se trouve toujours devant le même dilemme : la joie de la scène vaut-elle toute cette angoisse ?

« Au printemps dernier, j'ai annulé toute la tournée prévue pour l'automne. Fini les spectacles. Par la suite, j'ai décidé de me produire uniquement au manoir dans ma nouvelle salle, L'Orangerie. De soir en soir, un nouveau spectacle s'est élaboré et il a plu au public. En août, j'ai repris ma réflexion et j'ai longtemps hésité quand il s'est agi de repenser ma décision du printemps. Il y a quelques jours, mon orientation était prise : oui je recommence, mais tout de suite, dès octobre. Si j'attends en janvier, il est probable que je changerai encore une fois d'idée. J'ai un bon spectacle[14] et j'en suis encore tout imprégné. Je vais me donner des conditions de réalisation pour diminuer le stress : par exemple, je vais vivre à l'hôtel tous les jours où il y aura une représentation, même à Montréal. Alors je fonce pour au moins cent cinquante représentations. »

Comment peut-on expliquer la récurrence de cette indécision chez lui ?

Entre le stress et l'angoisse

Les premières fois où Yvon Deschamps m'a parlé de ses angoisses, j'ai immédiatement confondu cela avec le processus de la création artistique. Tout le monde sait que le stress de la création existe et qu'il se manifeste de diverses manières selon la personnalité de chacun. Et cela est aussi vrai pour Deschamps malgré sa longue expérience artistique. De plus, il faut convenir que les déplacements dans les conditions climatiques québécoises contribuent aussi à une forme de stress pour ceux et celles qui doivent sans cesse se déplacer dans l'exercice de leur métier. Mais tout cela peut se régler ou, à tout le moins, chacun peut en minimiser les effets.

Avec le temps, j'ai compris qu'Yvon vit une angoisse beaucoup plus complexe : il est toujours à la recherche d'un sens à sa propre existence et du sens de la vie en général. Cela a des effets sur sa vie personnelle tout autant que professionnelle. Cela affecte sa capacité à être heureux. À soixante-cinq ans, il se dit « toujours aussi mélangé » face à ces grandes questions existentielles, « malgré certaines périodes de sérénité qui ne durent jamais très longtemps ».

« L'été dernier, j'étais calme et confiant. La vie était simple, même si j'avais beaucoup à faire. Le travail m'empêche de trop réfléchir. En août, je me suis retrouvé avec beaucoup de temps à ma disposition. Dans ces moments-là, ça se gâte et j'ai tendance à me replier sur moi-même. L'angoisse reprend toute sa place. »

Une grande interrogation suit Yvon depuis fort longtemps : « Pourquoi on fait tout ça puisque ça ne mène à rien ? » Tous auront compris ici que le « rien » est ce qui nous attend après la mort. L'angoisse d'Yvon et probablement de tous ceux ayant une conviction similaire est de pouvoir répondre à la première partie de la question : « Pourquoi on fait tout ça… ? » Pourquoi faire cent cinquante représentations d'un spectacle quand on ne peut même pas justifier cette décision par l'argument qu'il faut bien gagner sa vie ? Où puise-t-on une motivation suffisante ? Mais en même temps, Yvon a appris que le travail est la seule façon qu'il connaît de repousser les périodes d'angoisse : « Je n'ai pas trouvé autre chose pour être bien dans la vie. Alors finalement je travaille tout le temps. Je suis toujours très occupé. Mais je sais que je devrai trouver autre chose quand je ne pourrai plus travailler. À moins que je continue jusqu'à la fin. »

La vie et la société

Pour Yvon, comprendre la vie est indissociable de comprendre la société dans laquelle on évolue quotidiennement. «Une société mélangée engendre des personnes sans repères», dit-il le plus sérieusement du monde. Depuis plus de trente ans, l'humoriste Deschamps est lucide, souvent cynique à l'égard de la vie et de la société. Dans cette perspective, il s'est intéressé aux mouvements de société, aux repères collectifs et aux valeurs individuelles en les analysant à partir de l'actualité, de l'histoire ou de la philosophie.

N'a-t-il pas fait réagir le Québec à des thèmes aussi fondamentaux que l'exploitation, la violence, la libération de la femme, le nationalisme québécois, le racisme, la famille, la maternité, la paternité, l'économisme, la mondialisation…?

N'a-t-il pas fait réfléchir à des thèmes universels comme la naissance, la vie, la peur, la sexualité, l'amitié, l'amour, la maladie, la mort, Dieu…?

N'a-t-il pas remis en question des idées reçues en réécrivant, sous des angles uchroniques[15], l'histoire de Dieu créant le monde, l'histoire sainte, l'histoire politique du Québec, l'histoire du Canada…?

N'a-t-il pas fait appel à notre sens des valeurs pour améliorer la société? Pour lui, cet appel est une façon de remédier à ce problème des repères collectifs qui est de plus en plus évident.

«Les valeurs comme le bonheur, le temps, la justice, la solidarité, la tolérance ou un concept comme Dieu sont des choses intangibles. Si elles existent, elles se manifestent nécessairement de diverses manières dans la vie courante. C'est pourquoi j'ai souvent parlé de ces valeurs comme s'il s'agissait de personnages réels. Ainsi dans *Le bonheur*, j'ai volontairement créé l'impression que celui-ci se promène dans le quartier à la recherche de la maison dans laquelle il pourra s'installer jusqu'au jour où il décidera de s'enfuir. Alors l'intangible devient concret, à la portée de tous.»

Dans le domaine des valeurs, «nous sommes passés du simple au complexe». Avant, «avec le trio patrie/famille/respect de l'autorité divine», les choses étaient relativement simples, mais elles étaient aussi très insatisfaisantes pour plusieurs. Depuis quarante ans, la vie et la société se sont complexifiées par une multiplication des choix.

« Notre plus grande déficience, c'est que nous ne prenons pas suffisamment de temps pour réfléchir », mentionne-t-il pour expliquer les problèmes de cette société complexe qui se cherche et « qui ne se trouve pas ». Lui-même sait d'expérience que la réflexion en profondeur n'est pas facile. Il la fuit suffisamment souvent pour bien comprendre le phénomène, mais il sait aussi que le changement passe par cette réflexion individuelle ou collective même si elle est douloureuse.

En 1969, Yvon écrivait : « ... faudrait que l'monde arrête de chialer ! Ça chiale trop. Ça chiale tout l'temps ! » Aujourd'hui, en cette année 2000, ne devrait-on pas dire qu'on ne chiale pas assez, qu'on se soumet à tout, qu'on se résigne à tout ? Yvon approuve cette déclaration, mais en ajoutant qu'il faut dénoncer, et agir pour changer les choses, la deuxième partie manquant tout autant que la première. Son récent monologue sur la mondialisation est éloquent à cet égard.

Des préoccupations contemporaines

On sait que Deschamps aime créer « de beaux malaises » sur scène, de ces malaises qui entraînent le déséquilibre, qui remettent en question les manières habituelles de penser et qui ouvrent de nouvelles pistes d'amélioration de la vie.

Des préoccupations contemporaines le guident dans la création de nouveaux monologues. Actuellement, il est très attentif à certaines tendances intimement reliées qui auront, selon lui, des effets profonds à long terme sur la vie individuelle et collective.

Quelles sont les préoccupations de ce créateur à l'égard de l'avenir ?

- Nous permettre de vivre de plus en plus vieux semble être à la portée de la science médicale. Inévitablement, cela va entraîner des problèmes de surpopulation, même dans les pays riches. Pourrons-nous assurer une vie de qualité à tous, malgré le vieillissement de la population ? C'est tout un défi quand on connaît les problèmes actuels de gestion dans le système de santé...

- Les baby-boomers l'inquiètent, car ils arrivent progressivement à la retraite et ils ont des exigences très grandes à l'égard de la société. Avec l'augmentation de l'espérance de vie, ils passeront pratiquement plus de temps à la retraite qu'ils n'en ont passé au travail. À ce jour, c'est un phénomène qui ne s'est jamais vu dans les sociétés occidentales. Donc nous n'en connaissons pas les effets possibles sur l'organisation de la vie collective.
- Les tensions intergénérationnelles augmenteront si la génération des baby-boomers ne se responsabilise pas davantage, si elle ne s'organise pas pour être le moins possible dépendante des autres, surtout des générations suivantes. On peut comprendre l'inquiétude des jeunes d'aujourd'hui qui ont la conviction qu'ils devront payer aux baby-boomers des services et une retraite dont ils ne pourront jamais bénéficier eux-mêmes. Pour réduire ces tensions, il faudra être innovateurs et mettre en place des services appropriés qui assureront une certaine équité entre les générations.
- La crise des repères ne se résorbera pas dans un avenir prévisible, parce que nous en sommes à une redéfinition des valeurs universelles dans un monde dominé par des valeurs extérieures aux personnes. Et quand l'économie de marché décide des nouvelles valeurs, il faut s'inquiéter pour l'avenir.

> *« Jour après jour sans exception*
> *Nous viennent des vendeurs d'illusions*
> *Ils brassent nos cœurs et nos raisons*
> *On les écoute avec passion*
> *Tout à coup ils auraient raison ? »*
>   (Extrait de la chanson *Les prophètes*
>   d'Yvon Deschamps)

- L'internationalisation des cultures et des valeurs est la grande révolution à venir. Il s'agit d'un phénomène à la fois stimulant, inquiétant et imprévisible. Les nouvelles règles de l'économie mondiale font qu'il n'est pratiquement plus possible de protéger la culture locale.

> « Aujourd'hui, on parle d'un métissage des cultures et
> des valeurs. Cela va amener des transformations
> incroyables. Quels seront les grands classiques de la
> littérature dans ce contexte ? Y aura-t-il des œuvres
> universelles ? Que liront les jeunes de cette époque ?
> Internet contribuera à la diffusion de cette culture
> plus universelle. Est-ce souhaitable ou pas ? Je l'ignore,
> mais je sais que c'est irréversible. Et je sais aussi que
> personne n'en connaît les conséquences sur l'humanité.
> Mais il y en aura. »

Yvon affirme que la vie va changer au cours du prochain siècle, mais que ça va prendre « un grand traumatisme pour y arriver ». Cependant, il estime que c'est une nécessité, car il est essentiel de « s'occuper du monde avant tout ». « On ne peut être indifférent au sort des autres », dit-il, convaincu que chacun doit faire sa petite part pour améliorer le sort des gens et ainsi contribuer à un monde meilleur.

Est-il possible d'être heureux dans un monde aussi complexe

En 1928, l'écrivain français Louis Aragon proposait une réflexion sur le bonheur qui rejoint la conception actuelle qu'en a Yvon.

> « Si le bonheur existe, au sens du mot existe, il se
> manifeste. [...] Représentez-vous un homme heureux,
> imaginez sa journée... C'est le fameux tas de sable : à
> partir de combien de grains y a-t-il un tas... Vous
> pouvez concevoir un instant de bonheur, deux instants,
> quatre instants. Cependant à partir de combien
> d'instants y a-t-il à proprement parler bonheur ? »
> (Louis Aragon, *Traité de style*,
> éditions Gallimard, 1928)

« Par exemple, je suis satisfait de ce qui se passe au manoir depuis quelques années. Avec mon équipe, j'ai réussi à en faire un endroit achalandé et rentable. Je sais que c'était périlleux, mais j'étais assuré que, si nous faisions connaître ce lieu, il serait apprécié à sa juste valeur. Alors quand j'observe les gens qui y déambulent avec plaisir, cela me satisfait. Cela ne donne pas un sens à ma vie, mais cela me procure des instants de bonheur. »

Le service aux autres, le sens de la famille, le respect du travail bien fait sont quelques valeurs qui inspirent Yvon et qui se traduisent par d'autres instants de bonheur. Mais ces valeurs ne sont pas suffisantes pour donner un sens profond à son existence, même s'il affirme avoir une vie bien remplie.

Il connaîtra le bonheur quand il aura « une vie pleine de sens », quête qui est le fondement même de toute réflexion philosophique.

En attendant le bonheur, à partir de ce mois d'octobre 2000, il donnera quatre cents spectacles en trente mois devant trois cent cinquante mille personnes.

Vaut mieux travailler à ce que l'on aime que d'être un inactif ténébreux et triste !

Au moins, les instants de bonheur risquent de se multiplier.

Le bonheur selon Maude, vingt-sept ans

« Le monologue sur le bonheur est vraiment riche. Il nous fait passer par toutes sortes d'émotions, les unes à la suite des autres. Il nous fait cheminer au même rythme que celui qui s'exprime, c'est prodigieux ! Au début, le ton est léger, ça provoque l'hilarité, c'est amusant. À la fin, la première fois que je l'ai écouté, j'avais presque les larmes aux yeux, c'est un moment vraiment émouvant. En fait, on passe vraiment de l'un à l'autre : on rit au début, on est perplexe au milieu parce qu'on ne sait plus si on doit rire ou devenir grave face à ce qu'on entend, et on se sent attristé à la fin, peut-être parce qu'on est mis devant un aspect de la réalité que l'on n'a pas l'habitude d'explorer. Je pense que ce qui est intéressant dans ce monologue, c'est le réalisme. Deschamps présente le bonheur comme une entité palpable, évaluable, calculable. Comme si on pouvait vraiment dire : « Ah ! Oui ! Là, je suis heureux, c'est ça le bonheur, je l'ai ! » Alors que ce n'est pas ça du tout, même si c'est ce que nous avons tous tendance à croire. De la façon dont cela nous est présenté dans le monologue, c'est un peu comme si le bonheur était en dehors de la vie, comme s'il arrivait seulement quand tout va bien, quand tout est statique, sage, immobile. Par exemple, quand Deschamps dit que le bonheur vient dans les maisons plutôt propres, où il y a de la nourriture dans le garde-manger, où il n'y a pas trop d'enfants... c'est un mythe ! Et c'est un mythe qui fait rire, bien sûr, parce qu'il est un peu ridicule, mais il est toujours présent, ce mythe, de nos jours. C'est l'humour qui permet à Deschamps de nous le mettre sous le nez. Avec des logiques un peu absurdes, comme « sans le bonheur, t'es pas heureux », il nous met devant l'incohérence de notre manière de conquérir le bonheur. Comme si on attendait toujours mieux, toujours plus, toujours la perfection. C'est surtout vrai dans notre société de consommation, le bonheur se vit dans des images, dans de fausses représentations de la réalité, dans des mythes forgés par des corporations qui veulent vendre, par des sociétés qui cherchent le profit, point final. Roland Barthes l'a tellement bien dit dans *Mythologies*, le langage de la société de consommation qui passe par les médias de masse ne fait que véhiculer des mythes : être heureux, c'est avoir une maison propre, spacieuse, éclairée. Ces jours-ci, il faut aussi qu'elle soit fengh-shui. Le bonheur, c'est avoir une mini-fourgonnette neuve, avec des enfants souriants, une garde-robe toujours renouvelée, une vie captivante, des goûts recherchés... On travaille comme des fous pour obtenir tout ça, on n'a pas même le temps de profiter de ce qu'on a accumulé et une fois que tout est acquis, on n'y trouve plus d'intérêt et on veut tout jeter par terre et partir en Inde se ressourcer ! Au fond, on le sait que l'on n'a pas besoin de tout ça pour être heureux, qu'il n'y a pas de profondeur dans ce type de vie, mais on l'adopte quand même, on se fait facilement entraîner. Yvon Deschamps joue les naïfs pour nous faire réaliser tout ça. On ne peut pas dire que l'on est capable de mettre des mots sur ce qu'on comprend lorsqu'on écoute le monologue pour la première fois, mais ça ébranle quand même. En plus, son personnage nous met devant un paradoxe. D'un côté, nous n'avons pas besoin de biens matériels pour être heureux, mais d'un autre, on a besoin d'un minimum de confort pour pouvoir apprécier la vie. Je pense donc que ce monologue nous montre une façon de voir les choses assez naïve (et drôle en même temps, parfois émouvante) pour nous faire prendre conscience du non-sens de cette logique. Ce que le personnage décrit pour définir le bonheur, c'est précisément tout ce qui lui manque, ce que lui, contrairement aux voisins, n'a pas. Il attend le bonheur après avoir épousé sa femme, il ne réussit qu'à avoir un enfant. Et sa vie empire. Pourtant, donner naissance à un enfant peut être une source de bonheur. Cela nous ramène au paradoxe de la vie matérielle : un enfant, pour ceux qui n'ont pas les moyens de l'assumer, devient un poids plutôt qu'un plaisir. Tout devient un poids, en fait. Il n'y a pas de légèreté possible lorsque l'on est constamment en train de peiner pour joindre les deux bouts; quand les premières nécessités ne sont pas comblées, on n'a pas le loisir de se poser la question du bonheur. Quand Deschamps laisse entendre que la pauvreté est moins pénible à supporter dans les pays où il fait chaud, il n'a pas tort du tout. C'est d'ailleurs quelque chose que Camus avait déjà abordé : il avait habité avec sa mère (qui n'était pas riche) au Maroc, je crois, ou du moins dans le Nord de l'Afrique, et il a été sidéré de voir comment se vivait la pauvreté lorsqu'il est arrivé dans cette société dite « civilisée » qu'était la France. Non seulement les pauvres devaient-ils supporter leur condition, mais ils étaient de plus relégués dans des espaces étroits, bétonnés, sombres et laids. Pour lui, c'était la pauvreté suprême. Ce qui était accessible pour tous au Maroc, le soleil et la plage, se monnayait en France. Donc, d'un certain côté, c'est encore plus pénible d'être pauvre au Québec, parce que le soleil n'est là que trois ou quatre mois par année. Ce que dit Deschamps à propos de la gratuité du soleil fait rire, mais c'est aussi très ironique, compte tenu de notre situation géographique.

« Par ailleurs, je crois que la société est en train d'évoluer par rapport à la conception du bonheur. Ce que nous montre Deschamps, c'est quelqu'un qui cherche le bonheur *ailleurs que dans sa vie*, quelqu'un qui attend un ajout qui viendra métamorphoser son existence. Alors que de nos jours, dans la littérature (avec la littérature des petits bonheurs), à la télévision (avec la série *La Vie la Vie*), dans les films, etc., on voit que la nouvelle tendance suggère que le bonheur se trouve dans le quotidien. On ne raconte plus d'histoires extravagantes dans les livres, ou de moins en moins. L'intérêt est beaucoup plus axé sur les petits événements de la vie de tous les jours, des moments sans envergure, qui tissent le quotidien. Je crois que la société (ou une partie du moins) est en train de réaliser que le bonheur, justement, n'est pas extérieur à la vie, il ne vient pas strictement dans les « maisons propres » dans lesquelles « il n'y a pas trop d'enfants ». Je pense qu'on en est venus à comprendre que le bonheur est DANS la vie. Il ne se calcule pas, c'est à peine s'il se constate. À mon avis, le bonheur est constitué de quantité de détails, de brefs moments, d'habitudes, de voyages. Ce qui, je crois, amène les gens à être heureux, c'est l'évolution, dans toutes ses dimensions. Apprendre, comprendre, grandir, vieillir, s'améliorer, reculer parfois, pour avancer à nouveau, plus loin. C'est dans nos gènes, de nous modifier et de progresser. Personnellement, je crois que le malheur se mesure à la stagnation (matérielle, intellectuelle, interpersonnelle, créative...). Et le monologue d'Yvon Deschamps nous donne plusieurs pistes de réflexion par rapport à tout ça. Il nous dit d'ouvrir l'œil et de saisir le bonheur quand il passe. En ce sens, il est un peu avant-gardiste, puisqu'il a écrit ce monologue il y a trente-cinq ans maintenant. Mais son monologue est beaucoup plus que cela, parce qu'il traite le thème du bonheur à plusieurs points de vue à la fois : sa réalité, ses paradoxes, sa fugacité, etc. »

Et moi, mon bonheur

Au cours de la préparation de ce livre, j'ai évidemment discuté avec mes deux collaboratrices, mais je leur ai laissé toute la liberté possible afin qu'elles rédigent leurs témoignages sur des monologues et des chansons de Deschamps selon ce qui les touchait et les faisait réfléchir à propos de leur vie et de celle des autres. C'est ce qui permet une diversité de tons et de résonances.

En écoutant Maude et en la lisant, j'en suis venu à me poser la question suivante : Quelle était ma conception du bonheur à l'âge de Maude ?

Retour en juin 1974. Au cours de l'année, ma conjointe et moi, nous nous sommes acheté une maison que nous aménageons tout en ayant un deuxième enfant. Au cours de la même période, ma conjointe prend un très court congé de maternité tandis que je travaille à temps complet, que j'étudie aussi à plein temps et que je me déplace fréquemment pour donner des conférences. Quelle belle vie! Assurément, puisqu'elle nous permettait de concilier travail, famille et amour en mobilisant en nous des énergies et des enthousiasmes qu'on dit propres à la jeunesse, du moins le croit-on. Je me souviens d'un grand nombre d'instants forts, de ces moments qui donnent le sentiment qu'on travaille à la construction de quelque chose de plus grand que soi. Au cours de cette même année, j'ai aussi mûri une décision qui me semblait inévitable. En mai 1974, je remets ma démission comme professeur-animateur à l'université. Elle entre en vigueur le 30 juin. J'entreprends alors un travail indépendant, *freelance* comme on disait à l'époque. Pourquoi une telle décision?

« Pars-tu parce que tu n'es pas heureux avec nous? » m'a demandé le directeur du département au moment où je lui ai annoncé la nouvelle. « Non, mais parce que je veux continuer à être heureux », lui ai-je répondu.

Au plus profond de moi, dans mon âme profonde comme je disais précédemment, j'avais conscience que ce milieu ferait de moi une autre personne si j'y restais plus longtemps. Avant de devenir mal à l'aise, je préférais voguer vers de nouveaux horizons, même teintés d'insécurité.

« Ose devenir qui tu es » n'a jamais été ma devise, même si je crois qu'il faut la faire sienne quand on sent que sa vie dérive dans des directions qui ne nous sont pas naturelles. Si j'ai une devise, c'est plutôt la suivante: « Ose rester qui tu es. » Mais très tôt, je me suis rendu compte que c'est tout un contrat dans un monde qui valorise avant tout l'adaptation et la soumission aux modes et aux apparences.

À cette époque de ma vie, le bonheur s'associe à la progression et à la continuité. En cela, je rejoins le témoignage de Maude. Progresser, c'est s'améliorer tout en ayant toujours le souci de se reconnaître. La progression contrecarre la médiocrité, le contentement et la suffisance. D'autre part, la continuité, c'est l'art de creuser le même sillon pendant longtemps, donc d'approfondir ses valeurs et ses convictions afin de les actualiser de mieux en mieux dans le quotidien. J'ai toujours pensé qu'agir ainsi diminue les risques de tensions psychologiques et axiologiques. Pour moi, le bien-être, cette sensation agréable, se concrétise dans la progression et dans la continuité. C'est un point de vue sur le bonheur parmi bien d'autres tout aussi valables. La progression : Où vais-je avec moi-même ? La continuité : Est-ce que je prends en compte ce qui vaut pour moi ?

Dans ces années-là, j'ai toujours suivi le cheminement d'Yvon Deschamps, quoique le temps m'ait manqué pour les sorties, culturelles ou autres, contrairement aux années 65-70, années pendant lesquelles je voyais quasiment tout. Pour moi, ses monologues des années 1968 à 1976 sont les plus riches

Dans l'œuvre de Deschamps, à mon avis, les monologues *Le bonheur* et *L'argent* sont indissociables. Pour le personnage de Deschamps, le bonheur est à la portée de tous. Le bonheur ne coûte rien. Il suffit de savoir profiter des belles choses que la vie nous propose gratuitement. Le soleil, la campagne, la messe sur semaine, se bercer sur la galerie… ça coûte rien et ça peut rendre heureux ceux qui ne chialent pas sans arrêt à propos de tout et de rien. « Maudite argent ! On dirait que l'monde pense inque à ça, l'argent. […] Y a pas inque ça dans vie l'argent ! » Quel est l'argumentaire du personnage de Deschamps ? Dans la vie, il n'y a pas que l'argent qui soit important. Il y a bien d'autres choses, mais celles-ci sont parfois difficiles à identifier. Une trop grande quantité d'argent et de biens matériels peut causer bien du trouble et apporter bien des ennuis. De toute façon, personne ne peut tout avoir dans la vie. Vaut mieux s'y résigner. Et un proverbe à la Deschamps qui est passé à l'histoire : « Vaut mieux être riche et en santé que pauvre et malade ! »

« … Le bonheur dans la vie, qu'est-ce qu'y fait ? Y passe. Si t'es pas prête pour quand y passe, tant pis pour toé. […] Parce que le bonheur va pas n'importe y'ou ! Le bonheur aime pas n'importe qui pis n'importe quoi ! »

« Ah oui ! La famille Alaise. Le bonheur avait resté là longtemps… mais y a décidé de r'partir de d'là quand monsieur Alaise a commencé à être malade. […] Y en ont jamais pus r'entendu parler. Ça été fini. Y l'cherchent encore »

Ces deux monologues[16] traversent le temps puisqu'ils illustrent bien les malaises et les craintes qui assaillent chacun à différentes époques de la vie. Bonheur, sécurité, insécurité, santé et argent sont des références présentes dans la vie de chacun et qui se relient d'une manière fort complexe. « L'argent ne fait pas le bonheur », dit-on souvent. Il est facile de penser cela quand on en a suffisamment pour mener la vie souhaitée. Demandez à celles et ceux qui, malgré leurs efforts, peinent à nourrir leur famille si le manque d'argent rend heureux. Il ne rend peut-être pas malheureux, mais il inquiète et quelquefois il tourmente. Et cela entraîne des tensions psychologiques.

« J'ai toujours pensé que l'argent est un très bon valet et un très mauvais maître », déclare
Françoise Sagan[17].

Question de valeurs, dira-t-on. Eh oui ! L'argent a de la valeur et c'est aussi une valeur, comme je l'ai démontré ailleurs. De plus, l'argent est une valeur commune aux générations, chacune la teintant de manière différente.

Mon idée du bonheur s'est-elle transformée avec le temps ? Trente ans plus tard, j'affirme encore que le bonheur est possible dans un esprit de progression et de continuité. Je dirais que ce sont ses assises. Aujourd'hui, je crois cependant que la continuité est peut-être plus importante que la progression. En tout cas, pour moi, elle est d'un plus grand bien-être que la progression.

J'ajoute maintenant que la vie qu'on mène est aussi un facteur déterminant dans ce désir de bonheur. Je savais cela étant plus jeune, mais le tourbillon de la vie nous amène à tenir pour acquis que la vie qu'on mène est celle qu'on souhaite.

La vie qu'on mène se définit avant tout dans le quotidien, donc dans le temps et dans les événements. Ici, je ne prétends pas que le bonheur n'est que le quotidien, pas plus que je n'affirme que le bonheur est l'accumulation de petites joies ou de petits plaisirs qui sont des moments de confort. Je dirais plutôt que le véritable bien-être se ressent si la vie que je mène au quotidien permet d'actualiser mes désirs, mes intérêts et mes projets. L'inconfort apparaît quand je reporte sans cesse à plus tard la réalisation de ceux-ci ou quand des instants de malheur viennent perturber ma vie. Dans le premier cas, je suis responsable de mon inconfort, tandis que dans le deuxième je suis à la merci de l'imprévisible qui peut faire basculer toute une vie.

Ces quelques propos sur le bonheur à partir du monologue de Deschamps et du témoignage de Maude me permettent d'échafauder une petite théorie du bonheur qui me convient bien.

SÉRÉNITÉ
Sentiment de bien-être
Ni heureux ni malheureux, mais à l'aise avec la vie
Ni heureux ni malheureux, mais mal à l'aise avec la vie
Sentiment de mal-être
DÉTRESSE

La sérénité est avant tout un état d'esprit qui pourrait être permanent s'il n'était jamais perturbé par des événements extérieurs ou s'il était insensible au malheur des autres. À l'évidence, « être souverainement heureux » est impossible, mais j'ai la conviction que la progression et la continuité personnelles sont des références déterminantes afin de s'en rapprocher. La sérénité serait la manifestation la plus rapprochée du bonheur.

À l'opposé, il y a la détresse, qui n'est pas un état d'esprit mais bien une absence de celui-ci. Alors les repères n'existent plus, les désirs s'effilochent et l'avenir ressemble à un grand trou noir. Tout se délie et tout éclate.

Entre la détresse et la sérénité, il y a quatre états qui se remplacent l'un l'autre au fil des événements. Il y a le sentiment de bien-être qui procure des « instants de bonheur », habituellement fréquents et prolongés. Le bien-être se définit quelquefois par l'absence de tensions psychologiques, mais je préfère le bien-être qui naît d'une relative harmonie entre les valeurs de préférence et les valeurs de référence, une harmonie de cohérence.

Il y a aussi les périodes que j'appelle plus neutres, où l'on n'est ni heureux ni malheureux. On est correct. Pas plus pas moins. On se sent cependant à l'aise quand l'harmonie décrite plus haut est encore présente. On se sent mal à l'aise quand cette harmonie est moins mélodique. Cela peut conduire à un sentiment de mal-être où apparaît une forme de chaos fait de remises en question, de doutes, d'incertitudes. Le mal-être est une souffrance axiologique quand on ne sait plus ce qu'on vaut et qu'on s'estime de moins en moins, moments où la progression et la continuité semblent impossibles.

Entre le malheur et le bonheur, il y a tout cela, puisqu'il y a le prévisible et l'imprévisible.

Le bonheur est fragile puisqu'on peut le perdre en tout temps, comme la vie. Mais il dépend plus de chacun qu'on ne le croit.

En terminant cette réflexion, je pense à un livre de la grande bédéiste Line Arsenault[18]:

« Vaut mieux être heureux », annonce l'auteure.

Ses deux personnages répondent :

« Au fond, c'est mieux d'être heureux le plus vite possible », dit le premier.

- Oui ! Ce sera une bonne chose de faite. »

4

L'amour à tous les âges

Oui, l'amour peut être une référence déterminante pour la conduite d'une vie. Donc c'est une valeur avec tout ce qui caractérise une telle idée. Cette valeur est aspiration et référence. Elle est aussi universelle que le bonheur.

Il y a quelques années, durant un salon du livre, une femme dans la mi-quarantaine se présente à ma table de signature en me disant qu'elle aimerait me parler d'Yvon Deschamps. Elle me semble d'une grande nervosité, mais elle est souriante. Ne pouvant la rencontrer immédiatement, je l'invite à m'attendre dans une petite cantine située à l'intérieur du Salon. De ma table, je peux la voir au loin. Elle regarde directement vers notre stand. J'ai l'impression qu'elle me surveille pour que je ne l'oublie pas. Je la rejoins une trentaine de minutes plus tard.

Odette m'annonce qu'Yvon Deschamps lui a sauvé la vie. Rien de moins. Elle m'explique qu'elle a eu une vie difficile parce que les malheurs se sont « acharnés » sur elle pendant plus de dix ans à une cadence insoutenable : un divorce douloureux, l'incendie de sa propriété, la perte d'un fils dans un accident de la route, l'accompagnement d'une mère condamnée par la médecine. Tout cela est alors insoutenable. Elle demande donc et obtient de l'aide psychologique. De plus, elle est mise sous une forte médication. Un soir, elle décide d'en finir parce qu'elle ne voit pas de fin à ses déboires. Elle manque son coup, se retrouvant ainsi à l'hôpital. Pour elle, c'est un drame de plus. Elle ne met pas un terme à son projet. Quelques jours plus tard, en descendant l'escalier vers le quai du métro, elle décide de régler ça «ici et maintenant». Comme ce n'est pas une heure de pointe, le train tarde à entrer dans la station. Tout est calme. Elle est prête, droite comme un chêne juste à côté des voies. Yvon se présente à elle d'une manière inattendue par la voie de la musique d'ambiance du métro. «Aimons-nous quand même…» joue. Odette écoute. Cette chanson, elle la connaît depuis longtemps puisque ses parents avaient tous les albums de Deschamps. Elle-même récitait des monologues de ce dernier dans les fêtes de famille. Toujours droite comme un chêne, elle se met à chanter à tue-tête cette chanson d'amour. Il y a peu de voyageurs sur les quais, mais ils s'éloignent d'elle. À la fin de la chanson, elle se retourne et quitte le métro. «Plus jamais», se dit Odette en se retrouvant dans la cohue du centre-ville. Elle hèle un taxi. Direction du mont Royal. Elle y marche durant plusieurs heures. Elle se sent hors du monde mais proche d'elle-même. En revenant à son appartement, elle sait que demain sera mieux qu'hier parce qu'elle est déterminée à réaliser plusieurs de ses rêves mis à l'écart au cours des dix dernières années. Elle a compris aussi que l'amour est multiple et qu'elle en a toujours beaucoup à donner. Quelques jours plus tard, elle propose à son père de réaliser un vieux rêve commun : ils partiront vers le Brésil pour soutenir un projet de solidarité envers des adolescents orphelins. Odette me dit qu'elle ne peut rien contre l'imprévisible, mais qu'elle peut encore agir pour être moins malheureuse.

«La prochaine fois que vous verrez monsieur Deschamps, dites-lui qu'une chanson peut changer le cours de la vie d'une personne.» Timidement, elle ajoute : «Dites-lui que je l'aime beaucoup, pas juste pour ses monologues et ses chansons.»

Aimons-nous selon le témoignage de Maude, vingt-sept ans

« La chanson *Aimons-nous* est, comme toutes les chansons de Deschamps que j'ai pu lire, très belle. Seulement, elle gagne à n'être que lue. Je dois avouer que cela m'a sauté aux yeux lors de la rencontre que j'ai organisée avec des amis pour discuter de l'œuvre de Deschamps: les chansons ne passent pas bien. Je ne sais trop si c'est parce que nous sommes habitués à entendre Yvon Deschamps produire un certain type de discours (humoristique et un peu naïf en apparence) que nous avons de la difficulté à basculer vers un texte plus émotif. Lorsque j'entends Yvon Deschamps chanter, je ne suis pas émue. Pourtant, en lisant ses chansons de la même façon que je le ferais avec de la poésie, je le suis. Cela a peut-être à voir avec sa voix, je ne sais pas exactement. Contrairement aux monologues, je préfère la lecture à l'écoute des chansons.

Dans *Aimons-nous,* je trouve que le texte entier dévoile toute la proximité entre l'amour et la mort. C'est ce qui est beau dans ce texte.

> « Aimons-nous quand même
> La mort unit sans retour
> Aimons-nous je t'aime/Je te tuerai mon amour »

« En fait, cela nous porte à reconsidérer notre vision un peu utopique de l'amour. Il est vrai que c'est un sentiment beau et noble, mais il est aussi vrai que l'amour constitue une forme d'obstacle à la liberté.

> « Aimons-nous quand même
> Aimons-nous malgré l'amour »

« Autrement dit: choisissons aujourd'hui que nous passerons le reste de notre vie ensemble, même si, en réalité, nous prendrons des directions différentes dans dix ans. Je crois que c'est un peu cela que Deschamps veut nous dire. Que la frontière est bien mince entre la beauté et l'horreur, entre l'amour et la haine, et entre la liberté et l'étouffement dans une situation amoureuse.

« Je crois que ce poème, ou cette chanson, peut être mis en parallèle avec le monologue sur la liberté. Le propos est semblable : plus la liberté d'une personne prend de l'importance, plus la liberté des autres autour est brimée. Plus un couple est amoureux, plus il resserre le monde autour de lui, et plus il s'enlise dans cet amour. Bien sûr, ce n'est pas identique pour tout le monde, mais il reste qu'il n'est pas évident de vivre avec l'amour. Cela demande un certain équilibre. Je ne saurais dire quelle est la solution, mais je sais que le poème de Deschamps montre bien le caractère mouvant du sentiment amoureux, ainsi que du bien et du mal. *L'amour nous préserve/Des remords de nos tueries*. Bien sûr, dans la vie, il y a de l'amour, mais cela n'empêche pas le monde d'être ce qu'il est. La présence d'un sentiment, aussi fort soit-il, n'exclut pas celle de son antithèse. *On tue sans réserve/Par amour de sa patrie*. Cette phrase est très belle, est très évocatrice. Tout le paradoxe est là : l'amour inconditionnel peut limiter la vision, rendre intolérant et générer des guerres, des haines ou des violences. L'image de Bertrand Cantat, le chanteur du groupe *Noir désir*, me vient aussitôt à l'esprit lorsque je pense à ces deux phrases. Il a tué Marie Trintignant "par amour", comme l'ont si bien dit les journaux français. L'histoire est abominable, c'est bien certain. Et impardonnable. D'un autre côté pourtant, les chansons que Cantat a écrites sont purement belles, intenses, et sa poésie est superbe.

« Je crois que c'est ce que veut nous dire Deschamps, et il le dit d'une façon simple mais vraie. »

Aimons-nous selon le témoignage de Michelyne, cinquante-sept ans

« Aimons-nous quand même
Aimons-nous jour après jour
Aimons-nous quand même
Aimons-nous malgré l'amour
Aimons-nous de rage
Aimons-nous sans pitié
Aimons-nous en cage
Aimons-nous sans amitié »

« Au début, la première fois que j'ai entendu cette chanson-là, ma fidèle expression d'étonnement est automatiquement sortie : « Ben ! Voyons donc ! Y manques-tu de mots ? C'est pourtant pas dans ses habitudes !!! »

« J'attends, j'écoute religieusement comme chaque fois que Deschamps parle. Mais là, faut dire qu'il chante et je suis moins habituée à ça. Et puis, à cet acharnement sur le « Aimons-nous », s'ajoutent tout à coup les je / tu / il / nous /vous /ils. Ça dépasse un peu la mesure.

« Je t'aime, tu m'aimes, il l'aime
Nous vous aimons
Vous nous aimez
Ils m'aiment, ils t'aiment, ils aiment »

« Là ! Là ! se produit un écho déplaisant et assommant dans mon esprit. Tout ça résonne et me ramène à mes premières conjugaisons. Cauchemar !!! Que ce soit en français, en anglais ou en latin, le premier verbe que j'ai appris à décliner, c'est le verbe aimer. Le verbe a beau être stimulant, excitant et même vibrant… Dans n'importe quelle langue, la déclinaison à tous les modes et à tous les temps reste ennuyeuse, monotone et plate à mourir.

« Avec tout ça, j'ai perdu un bon bout de la chanson. Ça devait être le meilleur parce que, pour être franche, c'est pas cette fois-là que je l'ai le plus appréciée.

« Mais attention, si le début de ma relation avec cette chanson augure mal, la suite se tasse pour aller beaucoup mieux et même très très bien.

« Un jour, confortablement assise dans le fauteuil beige du salon, le préféré de tous ceux et de toutes celles qui l'on essayé, je réentends, à la télévision, le fameux *Aimons-nous*. Je décide d'écouter en faisant taire toutes mes premières impressions. « Ben ! Voyons donc ! C'est profond cette chanson-là. » Et, malgré moi, l'idée des conjugaisons refait surface. Faut dire qu'en même temps, je repense au contexte. Cette chanson-là fait suite au monologue *Le p'tit Jésus* dans lequel Yvon, toujours aussi satirique, nous rappelle que par amour, Jésus a fait une sainte colère, que par amour ses disciples ont parcouru le monde pour répandre la bonne nouvelle, mais avec une ferveur et un engouement disons plutôt musclés et que… malgré tout, rien n'a changé, puisque les guerres de religion durent encore aujourd'hui. Ben oui !

« Et le génial Deschamps réussit à survoler de longs chapitres de notre histoire passée en conjuguant le verbe aimer au présent. Quel tour de force ! Juste pour finir, à la dernière ligne plus précisément, il fait un clin d'œil au futur. Sans doute son plus grand rêve d'avenir.

> « Deux mille ans de haine
> N'ont rien changé à l'amour
> Pour briser nos chaînes
> Sonnent canons et tambours
> C'est l'amour qui gronde
> L'amour avance à grands pas
> Détruira le monde
> Par amour du combat… »
> […]
> «… Ils s'aiment s'aimeront… »

« Plus tard, je me dirai : « Finalement… C'est peut-être lui le p'tit Jésus. » Il parvient non seulement à me faire réfléchir mais aussi à me faire réagir et même agir. Son

> « Aimons-nous sans contrainte
> Aimons-nous comme il se doit
> Resserrons l'étreinte
> Qui nous étouffera de joie »

modifie mes réactions face aux nombreuses sollicitations que je trouvais jusqu'alors bien envahissantes. Je commence à me sentir plus concernée et je veux même transmettre ma sollicitude à nos enfants.

« Au quotidien, fini de donner inconsciemment à gauche, à droite, selon mon humeur, mon petit change et mon horaire, compressé ou pas. Je m'arrête, j'écoute et je choisis. Une fois par année, à l'approche de Noël, ironiquement quand c'est la fête du p'tit Jésus, avec les enfants nous prenons part au partage. Eux autres en pigeant dans leurs petits cochons et nous autres en faisant un chèque non pas en blanc, même si c'est l'hiver, mais selon la couleur de notre compte en banque.

« Mon histoire avec cette chanson ne s'arrête pas là. Si *Aimons-nous* m'a d'abord personnellement agacée puis marquée en situation d'écoute individuelle, c'est une autre affaire lorsque je l'entends dans une salle avec plein de monde autour de moi.

« Ouf! C'est un crescendo d'émotions, comme une brise qui deviendrait ouragan.

Les premières notes qui arrivent de la scène provoquent chez moi, et je me dis inévitablement autour de moi, des soupirs de bien-être et de contentement. Viennent ensuite les petits chatouillements intérieurs agréables et satisfaisants que, j'imagine, tout un chacun ressent. Suivent les frissons qu'on partage du regard avec son voisin immédiat. Moi, ça me donne le sentiment de participer à quelque chose de beau et de grand, comme si j'étais soudainement une ardente militante venue à la défense de toutes les causes humanitaires possibles. Ça finit par me faire trembler. Je me dis que c'est impossible que les autres ne soient pas aussi touchés. Ça me permet pour un moment de resserrer l'étreinte et de partager ma joie.

« Une idée, une forme de souhait me vient alors, j'aimerais ça que cette chanson-là dure aussi longtemps que le p'tit Jésus et que, dans deux mille ans, d'autres la chantent toujours. Pourquoi pas? »

Oublions, témoignage de Maude, vingt-sept ans

J'ai d'abord proposé à Maude de réagir au monologue *Les vieux*. Elle le parcoure, mais s'attarde surtout à la chanson *Oublions* qui peut être considérée comme un épilogue au monologue *Les vieux*. Le texte de cette chanson est très représentatif d'une certaine réalité que peuvent vivre les couples plus âgés. Évidemment, Maude est encore très jeune, et elle n'a pas vécu le type de situation dont il est question dans la chanson. Elle n'est pas non plus en couple, donc il est difficile pour elle d'entrer dans la peau du personnage qui s'exprime. Pourtant, elle ressent bien que la réalité de la vie à deux représentée par Deschamps ne s'applique pas qu'aux personnes âgées.

> «Oublions jusqu'à la fin de nos jours
> Que l'amour ne peut pas durer toujours»

«Encore une fois, Deschamps nous met devant l'une de nos contradictions, l'un des non-sens de certaines situations de la vie: d'un côté, nous choisissons un être avec qui partager notre vie, fonder une famille, mener des projets à terme, mais en même temps, nous savons pertinemment que l'amour continu et immuable est presque impossible. Le monde bouge et les temps changent. Aujourd'hui, nous ne choisissons plus nos partenaires en prévision de passer le reste de notre vie ensemble. Cela est très bien.» Maude prétend que l'idée de choisir aujourd'hui une situation qui durera toute une vie est illogique, car nous ne savons jamais ce qu'il adviendra de nous, ce que nous penserons dans dix ans, quelles seront nos convictions, et celles de notre partenaire. Il arrive que des couples s'éloignent, n'aient plus de points communs et presque plus rien à partager.

«À ce moment-là, pourquoi rester ensemble? La beauté dans tout ça, et l'équilibre, n'est-ce pas de se permettre de re-choisir tous les jours? Non pas de remettre en question la relation tous les matins, mais de s'accorder la liberté de reconsidérer notre vie, notre couple et notre partenaire, d'en prendre conscience, de l'apprécier, de le faire évoluer ou d'y mettre un terme. Au moment même où j'écris ces phrases, je me demande, alors, de quelle façon deux personnes peuvent faire le choix d'avoir des enfants ou d'acheter une maison. Des projets d'une telle envergure nécessitent un minimum de continuité dans la relation, c'est certain.»

Son idée par rapport à tout cela est donc contradictoire, exactement comme la représente Deschamps: «Je veux quelqu'un avec qui faire ma vie, mais je sais que l'amour pour la vie est complètement irréaliste, et je veux me laisser la liberté de changer d'avis. Belle affaire!»

Pour en revenir au texte de la chanson, Maude croit qu'il exprime bien la situation des gens d'une autre époque, celle de ses grands-parents, par exemple. Ils se sont mariés il y a plus de cinquante ans, ils partagent leur quotidien, ils se chamaillent parfois pour des riens, ils ont des avis divergents, mais il serait tout à fait inconcevable qu'ils se séparent. Pas après tout ce temps ensemble.

Combien on s'est aimés/Combien on s'aime encore/Mais nos cœurs sont usés/Comme le sont nos corps.

Maude croit que ce doit être ce qui se passe, avec les années. Elle pense qu'il y a un temps pour l'amour, et un autre pour le simple partage du quotidien. Vieillir dans la solitude doit être assez épouvantable, elle ne se souhaite pas cela, ni à personne d'ailleurs.

Que retient-elle de cette chanson? Des choses essentielles selon elle: « Que l'amour évolue et se modifie avec le temps et que, même si l'on n'a pas tendance à nommer amour le sentiment des couples vieillissants, il n'en reste pas moins qu'un sentiment est bel et bien présent, et que c'est beaucoup plus que de l'amitié. C'est un mélange de complicité, d'expériences partagées et de vie en commun qui constitue un lien non moins important que l'amour. »

Oublions, le témoignage de Michelyne, cinquante-sept ans

« Drôle de titre pour une chanson qui me rappelle plein de souvenirs. C'est vrai que, dans mon cas, mémoire et fabulation se confondent parfois. J'ai la manie d'embellir mes souvenirs, de me les rendre séduisants ou de les oublier. Tout compte fait, le titre me plaît.

« Cette chanson est à mon avis trop belle pour être juste entendue. Il faut aussi la lire pour jouir de tous ses effets. C'est à cause de ça que je l'ai textuellement insérée parmi mes impressions et mes réflexions.

« Il ne faut plus parler
De notre vie à deux
De notre amour usé
Nos cœurs se sont faits vieux

> J'aurais peur qu'un seul cri
> Qu'un seul mot trop blessant
> Efface ou atrophie
> Notre amour vieillissant »

«La vieillesse emmaillotée de silence et de fragilité, évoquée dès le début de la chanson, me donne l'impression d'entrer prématurément dans une sphère ouatée et mystérieuse.

«Cet univers n'est pas encore le mien, mais je sais que ça viendra... J'ai tout juste cinquante-sept ans et ça fera seulement trente-six ans demain qu'on est mariés. C'est sans doute ça qui me rend, moi aussi, un peu vulnérable comme les vieux.

> «Non, ne disons plus rien
> Restons là sans bouger
> Sans nous tenir la main
> Essayons d'oublier
>
> Le pourquoi, le comment
> De nos querelles passées
> Sans oublier pourtant
> Combien on s'est aimés
>
> Oublions jusqu'à la fin de nos jours
> Que l'amour ne peut pas durer toujours » (Bis)

«Au silence et à la fragilité de l'âge avancé s'entremêle sournoisement l'immobilité. Je me demande: «Quand on est vieux, est-ce qu'on épargne par nécessité ses mots et ses gestes, pour garder en réserve son énergie, pour ménager son corps usé ou tout simplement pour mieux se rappeler, se souvenir ou encore pour oublier...?»

«Puis, les mots m'entraînent progressivement dans une réflexion sur ma vie de couple.

Les souvenirs des vieux s'infiltrent dans la chanson et les miens refont surface.

«Te souviens-tu, Marie
Du premier nouveau-né
De ses tout premiers cris
De ses joies exaltées?

Combien de nuits passées
À veiller tendrement
Combien d'heures à pleurer
Ses maladies d'enfant?

Non rien n'est facile
On vivait sans argent
Tu travaillais docile
Sans te plaindre vraiment

On vivait sans penser
Sans peur du lendemain
Beaucoup trop occupés
Aux devoirs quotidiens

Oublions jusqu'à la fin de nos jours
Que l'amour ne peut pas durer toujours»

«Au fil des couplets, mes souvenirs rejoignent ceux des vieux. Les responsabilités, les enfants, la famille, le travail... tout ça, je me dis que c'est le lot d'à peu près tous les couples. Mais les traces que ces souvenirs laissent en nous doivent être infiniment variables...

«Des images de ma vie de couple surgissent comme des éclairs... C'est le temps des projets qui mijotent, se bousculent, se réalisent ou pas... C'est le temps des enfants qui arrivent et nous accaparent par l'exubérance de leurs peines et de leurs joies... C'est le temps des risques qu'on ne prend pas toujours le temps de calculer... C'est le temps de l'amour et du travail effrénés... C'est le temps des nuits écourtées par l'inquiétude et la douleur... par le surcroît de travail dû à l'accumulation de contrats signés, de promesses faites… par les interminables discussions entre amis, celles au cours desquelles on refait le monde meilleur… mais aussi par le plaisir et la passion… C'est à la fois le temps des rêves et des incontournables obligations… C'est le temps des années qui filent un peu à notre insu… Ouf!!! Je comprends pourquoi je suis parfois essoufflée, fatiguée mais aussi très fière de moi. De nous, devrai-je dire. C'est à deux qu'on a fait tout ça.

―

«Combien on s'est aimés
Combien on s'aime encore»

―

«Ces mots-là me réchauffent le cœur et me font cligner des yeux. Je me dis: «J'étais donc naïve et bien peu amoureuse quand je me suis mariée il y a trente-six ans. Comparé à celui d'aujourd'hui, mon amour était encore bien petit. Je pense que c'est la confiance, c'est la complicité, c'est le respect réciproques qui l'ont fait grandir. Pourquoi je ne pourrais pas simplement grandir comme l'amour au lieu de vieillir?»

―

«Mais nos cœurs sont usés
Comme le sont nos corps»

―

«Ce bout-là, c'est comme avec certains de mes souvenirs, j'aime mieux l'oublier. En fait, je veux juste l'adoucir en me disant: «Un cœur, ça peut rester jeune très très longtemps, et un corps, ça peut toujours s'entretenir et se maquiller.» Ça, c'est ma manie d'enjoliver qui revient.

―

«Plus que quelques années
Déjà la fin nous guette
Pour nous, fini de jouer
Roméo et Juliette»

―

«Tiens, fini la partie rétrospective des vieux. C'était pourtant si beau, tous leurs souvenirs mélangés aux miens. Je me demande bien quelle forme d'avenir des vieux de presque quatre-vingts ans peuvent envisager.

«Pourtant j'en suis certain
Tout n'est pas terminé
Tout n'est pas chagrin
Il nous faut continuer»

«Ça, c'est sûr, et j'imagine même que, rendue à la vieillesse, mes rêves et mes projets vont se poursuivre et se réaliser d'autant plus facilement que mes obligations sont désormais réduites.

«Restons là sans bouger
Tiens, je ne parle plus
Ne faisons qu'écouter
Si nos cœurs se sont tus»

«Peut-être qu'après des années de frénésie... oui, un peu de calme et d'immobilité seront bienvenus... Quant au silence, je doute d'être en mesure de m'y résoudre un jour. C'est vrai, mon amour. Je pense que la mort ne réussira pas à me faire taire. Tu entendras encore ma voix.

«Je n'sais pas vraiment pourquoi
Je n'peux plus te prendre dans mes bras
Si jamais nous ne devions plus nous toucher
J'aimerais bien quand même pouvoir mourir à tes côtés»

«Mon grand-père maternel m'a dit un jour que la capacité d'aimer, ça survivait après la mort. J'ai toujours cru mon grand-père, même si je savais qu'il était farceur.

«Oublions jusqu'à la fin de nos jours
Que l'amour ne peut pas durer toujours» (Bis)

«Quelle chanson à l'indéfectible pouvoir évocatoire!!! Je pense que c'est la plus belle d'Yvon. Voilà!»

5

La soumission et la liberté

Tout comme le bonheur et l'amour, les valeurs de soumission et de liberté traversent l'œuvre entière d'Yvon Deschamps[19]. Entre ces valeurs, les amalgames sont multiples et complexes : l'amour s'associant avec la soumission n'a rien à voir avec l'amour jumelé à la liberté ; de même que bonheur et soumission ne se confondent pas avec bonheur et liberté.

À toutes les époques, les propos du personnage créé par Deschamps oscillent entre la liberté et la soumission et entre la naïveté et la lucidité. À l'entendre, on a quelquefois l'impression qu'il veut faire ses propres choix, mais les événements ou les pressions de son entourage finissent toujours par le ramener à l'inévitable : la soumission.

Que fait le personnage ? Il fanfaronne, il s'oppose, il remet en question, il s'offusque, il s'alarme, il s'indigne, il revendique… puis tout à coup, quand c'est le temps d'agir, il se soumet sans même chercher à se justifier. On croirait que c'est dans sa nature profonde.

Dans *Les bénévoles*, ce processus est particulièrement bien présenté lorsque Marcel refuse d'aller « *bénévoler* » malgré que sa femme ait pris, pour lui, des engagements parce qu'elle trouve qu'il manque de compassion et de respect envers les personnes âgées : *J'ai dit : « J'IRAI PAS ! » À dit : « Tu vas y aller... » J'ai dit : « J'IRAI PAS ! O.K. ? » J'mets mon pied à terre : « J'Y VAS PAS ! Pis imagine-toé pas que je v'vas changer d'idée. » [...] « Ce soir, je vais rester ferme : J'Y VAS PAS ! » Eille, j'ai été tellement ferme, est restée saisie. Moé aussi ! Eille, j'étais assez fier de moé, j'ai dit : « Toé, t'es un homme ! » T'sais, j'me promenais d'même dans l'couloir, chaque fois que j'la croisais, j'y disais : « J'Y VAS PAS ! » Fa qu'le samedi j'arrive au centre d'accueil... Là, j'vas voir la garde en chef, j'y dis : « Garde en chef, c'est ma femme qui m'envoie bénévoler. »*...

Avant d'aller plus loin dans cette réflexion sur la soumission et la liberté, j'esquisse quelques définitions :

La liberté, c'est la capacité de faire des choix de vie et de les assumer, ce qui est différent de prendre des libertés. Ainsi, brûler délibérément un feu rouge ou rouler plus vite que la vitesse permise ne sont pas des manifestations de liberté, ce sont des signes qu'on prend des libertés avec la loi.

L'autonomie, c'est la capacité de se régir selon ses propres règles et ses propres lois. Ainsi, l'autonomie teintée d'individualisme n'a pas la même résonance que l'autonomie arrimée à l'interdépendance.

La soumission, c'est le fait de se soumettre, c'est la disposition à obéir.

La domestication, c'est le fait d'amener quelqu'un à une soumission servile, donc d'asservir ; on dira qu'une personne est domestiquée parce qu'elle fait « preuve d'une soumission excessive ». En 1968, dans *Les Unions, qu'ossa donne ?*, le personnage de Deschamps est totalement soumis puisqu'il est exploité par un *bon boss* qui, probablement, ne voit rien d'inacceptable dans son propre comportement. On dira que les valeurs de l'époque expliquent un tel asservissement. Encore aujourd'hui, on peut être mal à l'aise face aux comportements décrits dans ce monologue, car cela rappelle sans doute que ces situations ne sont pas inexistantes même en 2004. J'y reviendrai dans le dernier chapitre.

Pour que la soumission et la domestication se concrétisent, il faut être au moins deux: une personne qui veut asservir et une autre qui se plie aux exigences de la première. Dès qu'il y a résistance, il y a d'autres valeurs qui entrent en jeu, d'où la complexité de ce rapport entre les personnes.

À la limite, une personne peut faire le choix de se soumettre et de l'assumer ou une autre personne peut choisir de régir sa vie selon ses propres règles et ses propres lois et d'en assumer les conséquences. Mais une personne qui croit à l'autonomie n'acceptera jamais la domestication, puisque cette incohérence serait invivable et source de mal-être.

≈

Les origines modestes d'Yvon Deschamps font qu'il est sensible, souvent même indigné, quand il voit que certains soumettent et domestiquent les autres pour ensuite en tirer un profit personnel. Il a le souvenir de tous ces voisins qui travaillaient dur dans la ville de *shops* qu'était le Saint-Henri de l'époque sans jamais un petit signe de reconnaissance, de ce père qui se faisait exploiter par des employeurs canadiens-français, de ce grand-père qui a pleuré jusqu'à la fin de ses jours parce que, n'étant plus capable de subvenir à ses besoins, il avait dû « casser maison », et ce, malgré une vie courageuse et laborieuse… « Travailler toute une vie pour la finir d'une maison à l'autre selon l'humeur ou la générosité de ses enfants. Est-ce ça la vie ? » se demande Yvon. Encore aujourd'hui, son âme est grise quand il est face à la misère matérielle et humaine.

« Allumez ! » est le cri qu'Yvon Deschamps lance à tous dans la majeure partie de ses monologues. Du moins, c'est ce qui transpire de discussions que j'ai eues avec différentes personnes ayant accepté de me livrer leurs commentaires sur plusieurs monologues de l'humoriste en le faisant sous l'angle des valeurs qu'elles y percevaient.

Plusieurs fois, j'ai fait écouter consécutivement *Les Unions, qu'ossa donne ?* et *La mondialisation*. Trente ans plus tard, pour moi, le second est la suite du premier: même soumission des employés souvent les plus démunis, même inhumanité des bons *boss* qui délocalisent maintenant leur entreprise pour faire plus de profit, toujours l'entretien de la peur pour qu'on accepte des décisions inacceptables, même éternelle ritournelle sur la nécessité des compression budgétaires qu'imposent les gouvernements sans qu'on observe des améliorations significatives… Et nous, on gobe tout ça, tout le temps.

« Allume, mon Jacques ! » me dit ce dernier après l'écoute des textes, tout en ajoutant : « C'est un choc parce que je constate qu'on a l'illusion que les choses changent sans cesse. On se leurre. On nous sert toujours les mêmes vieilles valeurs. Ça doit faire l'affaire de quelques-uns d'une certaine façon ! »

Assurément. Évidemment, les personnes rencontrées ne considèrent pas que la soumission est « une belle valeur ». Elle rappelle une époque basée sur l'obéissance et l'autoritarisme, époque où les pressions sociales pour être dans la normalité étaient très fortes. Mais on voit généralement la soumission uniquement sous l'angle de celle ou celui qui l'exerce sur un autre. Or, pourquoi se soumet-on aussi facilement ?

Voici le point de vue de Marie-Ève, avocate dans la mi-trentaine : « Je pense que mon entourage se croit plus libre qu'il ne l'est dans la réalité. Je m'inclus dans cette observation. […] Je me soumets parce que je crains le jugement des autres. La gang, comme on dit, est plus importante que mon moi. Pour être « tendance » dans mon milieu professionnel, je me suis mise au golf il y a quelques années. Je hais cette activité, mais je suis le groupe. Voilà ! Voulant être de mon époque, je succombe ainsi aux modes de toutes sortes en sachant qu'elles sont passagères. Je me crée même à cet égard des obligations qui, avec le temps, deviennent un engrenage. Je me surprends même à imposer des obligations à mon conjoint. Pourtant, je réagis lorsque celui-ci tente de m'en imposer, car je crois alors qu'il entrave ma liberté ! […] Vraiment, je ne suis pas au clair avec tout cela ! Ça mérite une bonne réflexion. »

La soumission est donc aussi dans les injonctions qu'on ne cesse d'accepter sans vraiment en examiner les effets sur la vie qu'on mène, donc sur ses valeurs et sur son quotidien. Voici ce que j'en disais dans un texte récent[20]:

«Soyez ouvert. Soyez adapté au changement. Soyez responsable. Soyez de votre temps. Soyez tendance. Soyez mode. Soyez *in*. Soyez raisonnable. Soyez mince. Soyez jeune. Autant de tyrannies qui minent la liberté de chacun. Autant d'injonctions qui laissent croire que les normes, les modes ou les exigences sociales sont plus importantes que les choix personnels. Imaginez la vie de celle ou de celui qui répond affirmativement à tous ces appels sans véritablement être convaincu de leur nécessité ou de leur utilité.»

Le phénomène décrit ici n'est pas propre au Québec. Les injonctions contradictoires pullulent dans la société actuelle. Le terreau le plus fertile pour les observer est l'école elle-même: mission et vision à l'appui, on veut des élèves autonomes, responsables, créatifs et engagés, on veut former des citoyens qui seront des démocrates, mais dans le quotidien, la structure scolaire et pédagogique réclame et exerce plus de rigidité, plus de soumission aux codes de vie, plus d'autoritarisme, plus de sécurité, donc finalement plus de dépendance.

On veut éduquer les jeunes d'aujourd'hui en s'inspirant des contradictions qui animent actuellement les adultes qui doivent les aider à cheminer.

Soyons soumis pour apprendre à être autonome et responsable!

Vive les modèles!

Bel avenir!

Allumons!

Deuxième partie

6

Deschamps vu par des jeunes

Une œuvre traverse le temps entre autres si elle a des résonances chez les générations qui suivent son créateur. Je commence donc la partie des témoignages avec la génération des 20-30 ans. Ayant préalablement colligé des témoignages plus spontanés, je voulais dépasser ces données impressionnistes pour aller chercher des réactions personnelles sur le contenu même des monologues et aussi sur les résonances qu'ils ont dans l'univers des jeunes. Nous avons donc regroupé quelques participants ainsi qu'une animatrice pour une soirée de discussion. Le but de la rencontre était de récolter les témoignages et commentaires de personnes appartenant à cette jeune génération à la suite de l'écoute de plusieurs monologues et de quelques chansons d'Yvon Deschamps. Yvon a soixante-neuf ans maintenant. Plus de quatre décennies séparent les jeunes que nous avons rencontrés et l'humoriste Deschamps.

Je réserve mes commentaires sur ce qui ressort de cette rencontre et sur les autres témoignages colligés pour le dernier chapitre de cet ouvrage.

Cinq personnes se sont présentées pour une séance de travail de plus de cinq heures.

Geneviève est dynamique, souriante et différente. Ce vendredi, elle est vêtue de fins vêtements blancs, elle semble radieuse. Elle habite Montréal, où elle a acheté un condo il y a quelque temps avec son copain Patrick. Elle travaille pour une entreprise de télécommunications pour laquelle elle analyse la faisabilité des projets. En réalité, elle aimerait bien faire le saut et démarrer sa propre entreprise. La vie à la campagne l'attire, mais elle n'est pas encore prête à tout risquer pour changer de style de vie. Elle et Patrick prévoient avoir un enfant bientôt.

Patrick vit avec Geneviève depuis un moment déjà. Il travaille lui aussi pour une entreprise de télécommunications dans laquelle il occupe un poste de cadre. Cela fait des années qu'il travaille là, il a en quelque sorte suivi les traces de son père dans cette entreprise. Il y a quelques années, Patrick a pris un congé sans solde pendant lequel il a beaucoup voyagé : Europe, Californie, etc. C'est un gars simple, solide, drôle et un bon vivant. Souvent, il semble être sur le point d'éclater de rire.

Vickie travaille pour une entreprise qui œuvre dans la finance, à Montréal. Elle est là depuis plusieurs années et elle a entamé l'an dernier des études universitaires à temps partiel afin d'obtenir un certificat, puis possiblement un baccalauréat. Elle habite présentement sur la Rive-Sud de Montréal, avec André, son amoureux depuis plus de dix ans. Ils occupent une partie de la maison familiale, chez le père de Vickie qui est agriculteur. Ils prévoient acheter une maison très bientôt. Vickie est mère de deux jeunes, beaux et vigoureux enfants : Mirka et Victor, qui ont respectivement trois ans et demi et un an. Malgré sa vie occupée, Vickie trouve le temps d'aller au théâtre, au cinéma, en camping avec André et les enfants, de boire un verre et aussi d'être rayonnante!

André est un papa impliqué dans sa vie de famille. Il travaille pour une compagnie pharmaceutique pour laquelle il fait différentes analyses chimiques qualitatives. André fait beaucoup de sport, notamment du volley-ball. Il est passionné d'œnologie et de cuisine; lui et Vickie ont d'ailleurs visité quantité de vignobles en Ontario, en Virginie ainsi qu'en Australie, où ils sont allés avec Mirka lorsqu'elle était toute petite. André et Vickie cuisinent aussi beaucoup et leur vie à Montréal leur manque pour cette raison: l'abondance et la variété des aliments disponibles. Tous deux connaissent Patrick depuis très longtemps, ils ont grandi dans la même ville de la Rive-Sud. Patrick est d'ailleurs le parrain de Mirka.

Lina est quant à elle musicienne et chanteuse. Elle a grandi dans la région de Québec, mais elle est arrivée à Montréal il y a quelques mois afin de travailler davantage à sa musique et à sa carrière. Elle a déjà fait la tournée des boîtes à chanson du Québec, mais elle souhaite maintenant enregistrer un disque de ses propres compositions. Son ascension va bon train, elle s'est d'ailleurs produite sur une scène extérieure à Montréal, dans le cadre du festival «nuit blanche sur tableau noir».

L'animatrice de la soirée, **Maude**, vient tout juste de terminer ses études en littérature. Elle a travaillé dans plusieurs domaines différents tels que l'aviation, la restauration, les garderies, etc., mais elle s'apprête aujourd'hui à entamer une maîtrise en littérature portant sur la littérature du quotidien. Elle travaille en ce moment pour un groupe de recherche en littérature québécoise ainsi que pour une maison d'édition. Elle connaît personnellement les participants: Vickie est son amie depuis qu'elle est toute petite, elle a donc connu André il y a une dizaine d'années, elle est la marraine de la petite Mirka, et elle connaît Patrick assez bien. Lina lui enseigne la guitare depuis environ un an. Quant à Geneviève, elle la voyait pour la seconde fois seulement lors de cette rencontre.

Les participants sont arrivés les uns après les autres: Geneviève et Patrick les premiers, Vickie et André accompagnés de la petite Mirka, puis Lina. En réalité, ils ne savaient pas exactement la raison de leur présence à cette rencontre. Yvon Deschamps… oui, mais encore? La plupart le connaissaient, bien sûr. Tout le monde l'a déjà vu à la télévision au moins une fois. Mais une soirée consacrée à l'écoute de ses monologues? Pourquoi? Au départ, ils n'étaient pas venus strictement pour Yvon Deschamps. C'était aussi une rencontre très amicale: Maude n'avait pas vu Patrick depuis longtemps, elle connaissait à peine Geneviève, il y avait longtemps qu'elle voulait inviter Lina à prendre un verre.

L'ambiance était donc à la détente, on prenait un verre de vin, grignotait un morceau de fromage, discutait, riait. On se retrouvait et se rencontrait.

On commence à être sérieux

L'écoute des monologues a débuté peu après l'arrivée de Lina, soit vers les six heures. Installés au salon, leur assiette devant eux, les participants ont écouté Maude leur présenter l'homme Yvon Deschamps. Les détails de sa vie, de sa carrière et de ses expériences étaient pour la plupart inconnus. Certains ont été étonnés de savoir qu'il avait démarré des entreprises de restauration ou, encore, qu'à un moment il avait amorcé une carrière aux États-Unis. Yvon Deschamps, c'était l'homme de *Samedi de rire*, l'homme qui a acheté le manoir Rouville-Campbell (trois des participants ont grandi dans la région du manoir, ils l'ont donc vu passer par les mains de différents acquéreurs), l'humoriste qui a les cheveux blancs. Ensuite, la distribution des versions écrites des monologues s'est faite. La date d'écriture avait été soigneusement camouflée, de façon à ce que cela n'influence pas l'opinion des participants.

Et le groupe passe à l'écoute des monologues.

Le bonheur, notre quête à tous

Le premier bloc était constitué de monologues datant des débuts sur scène d'Yvon Deschamps, soit: *Le monde sont malades, Les unions qu'ossa donne?* et Le bonheur. Ces trois monologues ont été créés dans les années 1968-1969 et ils mettent tous en scène le personnage-type de Deschamps, légèrement naïf, qui s'exprime respectivement sur la société dans laquelle il évolue, les rapports patron-employé ainsi que sur le bonheur.

Au cours de l'écoute, il y eut quelques rires étouffés, sans plus. Il semble que ces trois monologues aient moins fait rire les participants. Patrick est le seul qui ait noté des éléments humoristiques, les autres avaient moins prêté attention à cette dimension du texte. Le premier texte ayant généré une discussion, et celui qui a le plus touché les participants, est *Le bonheur*. André trouvait que l'ensemble du texte rendait très bien compte de la réalité de la société dans laquelle a grandi Yvon Deschamps. Lui-même a habité pendant quelques années dans le quartier Pointe-Saint-Charles, voisin de Saint-Henri, et il pouvait trouver des éléments de comparaison avec le mode de vie des gens avec qui il partageait ce quartier. La pauvreté matérielle est sans doute le critère rassembleur dans ces quartiers. André était d'avis qu'Yvon Deschamps, puisqu'il possédait des connaissances légèrement supérieures par rapport aux autres habitants de son quartier, avait un œil très lucide sur le monde qui l'entourait, un certain recul. Il croyait qu'Yvon Deschamps était pris entre deux réalités : il évoluait dans un milieu très pauvre, mais il n'était pas, lui, le plus pauvre ou le plus démuni intellectuellement. Par conséquent, il pouvait voir les choses d'un autre œil. André trouvait aussi que le monologue illustrait un beau paradoxe applicable, à son avis, à la majorité des habitants de ce quartier : le paradoxe de ceux qui cherchent désespérément le bonheur partout où ils pourraient le trouver, mais qui, ce faisant, ne réussissent qu'à le chasser. *Le bonheur* est donc pour André une parcelle de l'enfance d'Yvon Deschamps, ce qu'il a vécu et ce que ses yeux ont vu. Il croit aussi que les idées exprimées dans ce texte sont toujours d'actualité. Bien sûr, la pauvreté ne se concentre plus nécessairement au même endroit — de nos jours, elle serait plutôt dans le quartier Hochelaga-Maisonneuve à Montréal — mais il reste que la situation n'a pas beaucoup changé.

Vickie croyait plutôt que *Le bonheur* était le monologue qui s'appliquait à tout le monde, à tous les niveaux et à toutes les époques, peu importe le statut social ou le revenu. « Les gens ne profitent pas de la vie et ils se plaignent inutilement », dit-elle. « Nous-mêmes sommes portés à le faire. » Vickie trouvait que le monologue mettait en relief le fait que les gens remettent à plus tard le moment de saisir le bonheur. Cette réalité est aussi, à son avis, celle de plusieurs personnes de sa génération, qui travaillent énormément afin d'accumuler de l'argent pour la retraite et qui repoussent sans cesse le temps d'acquérir une maison, d'avoir des enfants, bref, de vivre.

Et vous, votre bonheur?

La conversation a ensuite glissé vers les conceptions personnelles du bonheur chez les participants. Lorsque Maude a interrogé Patrick à ce sujet, il a tout d'abord été étonnamment silencieux, lui qui a pourtant la parole aisée. Il a hésité, puis a dit se sentir heureux lorsqu'il faisait quelque chose de sa vie, quand il se sentait en vie. Autrement dit, quand il était en train de profiter de ce qu'il faisait au moment précis où il le faisait. « Mais », a demandé Maude, « n'est-ce pas un peu ça le bonheur : avoir conscience de ce que nous vivons au moment où cela se déroule ? » « Exactement ! » a confirmé Vickie, « comme dans le monologue, lorsqu'il dit : *Pis après que j'ai été marié, avec ma femme on l'attendait... T'sais on passait des grandes soirées à l'attendre [le bonheur]. Attends, pis attends, pis attends, pis attends... Pis là, c'est le p'tit qui est arrivé, avoir un enfant, ce n'est pas le bonheur, ça ?* » Lina a réfléchi puis en a conclu que, souvent, lorsque l'on attend le bonheur, on attend quelque chose qui ne vient jamais. Elle était d'avis que le monologue illustrait très bien cette attente du bonheur comme une chose très concrète alors qu'au fond, le bonheur est partout, tout autour, dans les choses les plus simples de la vie. Vickie a ajouté qu'en général, on ne savait pas apprécier le bonheur lorsqu'il était là parce qu'on avait plutôt l'habitude de croire que certaines bases devaient êtres acquises avant de pouvoir le saisir. Par exemple, nous avons la fâcheuse tendance à croire que nous profiterons de la vie au moment où nous aurons une maison, ou encore des enfants, ou encore lorsque nos études seront terminées alors qu'en vérité, il faut saisir le bonheur à tous moments. Dans le monologue, a-t-elle ajouté, le personnage n'a pas vu que son bonheur était là ; aujourd'hui, c'est aussi de cette façon que cela se déroule : les gens ont des enfants, mais ils travaillent tellement qu'ils n'ont pas le temps d'en profiter et ils passent à côté de ce qui est important. Patrick a renchéri en disant que le parallèle entre la réalité du personnage, qui observe tout autour de lui et constate que le bonheur n'est que chez les autres, et la réalité d'aujourd'hui était frappant. « Aujourd'hui, nous passons notre journée devant la télé à regarder des émissions de « télé-réalité », à observer les gens avoir du bonheur finalement, à regarder les autres vivre leur vie au lieu de vivre le nôtre. » Lina a fait remarquer que tout au long du monologue, la limite entre ceux qui possédaient le bonheur et ceux qui ne le possédaient pas était très marquée. Autrement dit, que le bonheur des uns faisait le malheur des autres. Un peu comme si, lorsque le bonheur se trouvait à un endroit précis, il ne pouvait pas être ailleurs au même moment. *Ben, y pouvaient pas nous voir parce que le gars pis la fille étaient su l'bord du mur : flachte flouche, pis l'bonheur était ici, pis nous autres on était l'aut'côté [...]* Vickie a ensuite ri de sa propension à aimer se procurer de nouvelles choses. Geneviève a aussitôt acquiescé : « On est donc heureux quand on dépense ! » Vickie s'est mise à rire, puis a avoué que souvent, elle prenait plaisir à se convaincre qu'elle avait besoin de quelque chose, qu'elle devait aller l'acheter. Pourtant, elle est consciente qu'en réalité, elle n'en a pas absolument besoin pour être heureuse.

L'argent, encore et encore l'argent

Les rapports entre l'argent et le bonheur ont bien évidemment prolongé la conversation sur le bonheur. En fait, tout le monde était d'accord pour dire que les gens ont un rapport complexe avec l'argent : on en veut, on en a besoin, mais ce n'est pas nécessaire. De nos jours, a fait remarquer Vickie, on ne peut pas vivre en dehors de la question monétaire. André a ajouté que notre société nous mettait constamment en état de comparaison et de hiérarchisation en lien avec l'argent, et que cela nous entraînait à en désirer toujours plus. En outre, tout le monde s'est entendu pour dire que lorsqu'une personne est en manque d'argent, elle est davantage en mode « survie » et qu'elle n'est donc pas en mesure de s'interroger sur le bonheur. « Le problème du bonheur, au fond, c'est un problème de riche », a affirmé Patrick. « Lorsque tu te bats pour manger, tu ne te demandes pas si tu es heureux ou non. Tu vis, point ! » Lina croyait qu'il y avait tout de même certains avantages à ne pas avoir l'esprit centré sur l'argent et qu'il était beaucoup plus facile d'apprécier les événements de la vie de tous les jours lorsque l'on ne gérait pas notre vie en fonction de l'argent. Geneviève, elle, croyait qu'il y avait plusieurs facettes à cette question. Il lui vient souvent l'idée de tout abandonner pour aller habiter la campagne avec son copain, mais d'une façon comme de l'autre, la question de l'argent vient mettre un frein à ses rêves. En y pensant plus sérieusement, et malgré les désavantages qu'elle trouve à son travail actuel, elle admet que son salaire est très intéressant. « Si on se met à cultiver un champ de patates, ce n'est pas ça qui nous fera vivre! Est-ce que je serai capable de faire vivre mes enfants lorsque j'en aurai, est-ce que j'apprécierai ma vie autant que maintenant? Il est certain que j'aimerais rentrer au travail demain matin et annoncer à mon patron que je m'en vais, mais je dois avoir autre chose. » Par ailleurs, Patrick a souligné que, dans le monologue *Le bonheur*, la partie concernant la campagne l'avait bien fait rire : *Deuxièment, la campagne. La campagne... Pensez-y deux menutes. La campagne! Y a-tu queque chose de plus beau qu'la campagne? Oui! Y en a en masse.* Si lui-même aimerait changer son mode de vie pour s'en aller à la campagne, il est conscient qu'un préjugé trop favorable (et irréaliste) envers celle-ci est très répandu chez les habitants de la ville.

En fait, au fil de la conversation, les participants ont admis que ce qui était difficile face à l'argent, c'était de réduire son rythme de vie. Lina, pour sa part, estimait plutôt que lorsqu'une personne souhaite vraiment une chose, elle est capable d'abandonner le côté matériel afin de centrer ses énergies sur cette seule chose qui lui tient à cœur. L'argent, pour une personne passionnée par quelque chose, sera sans doute réinvesti dans cette passion afin de décupler son plaisir. Elle-même, qui compose des paroles de chansons ainsi que de la musique, a laissé de côté la dimension matérielle. La plus grande partie de l'argent qu'elle gagne sert à l'achat de nouveau matériel de musique ou encore à l'enregistrement de ses chansons. Les autres participants, eux, croyaient qu'il était très difficile de renoncer à certains plaisirs que l'argent procure, comme de la nourriture de qualité, du bon vin, des sorties, des vêtements, etc. Tous sont pourtant conscients que les valeurs reliées à l'argent sont différentes à la ville et à la campagne et que s'ils partaient habiter en Gaspésie, par exemple, leur besoin de consommation serait beaucoup moins important. En effet, qui a besoin d'une paire de chaussures dernier cri lorsqu'il habite une ferme? Les besoins changent selon le milieu et l'on s'entendait pour dire que plus l'on s'éloignait de la ville, plus ils diminuaient.

Finalement, les participants se sont tous mis d'accord pour dire que l'argent était un des éléments qui contribuait au bonheur, mais qu'il n'apportait pas avec lui de solution miracle. « J'ai peur de le perdre (l'argent), mais je n'ai pas l'impression d'être heureuse parce que j'en ai », a dit Geneviève. Vickie a acquiescé, mais elle a dit que ça pouvait être très réconfortant de simplement penser que l'on gagnait une forte somme d'argent. Au moins pour se libérer l'esprit des tracas quotidiens reliés à l'argent, pour ne plus avoir à penser aux comptes à payer ou encore pour s'imaginer les folles dépenses que l'on pourrait se permettre si l'on n'avait pas besoin de penser à la maison ou à l'avenir des enfants. Autrement dit, ne plus avoir à se soucier du côté matériel et des besoins essentiels est une libération pour l'esprit !

Des patrons qui maîtrisent l'art de la subtilité

Les gens ont ensuite abordé le monologue *Les unions, qu'ossa donne?* Vickie voyait une légère différence entre le ton emprunté dans les deux monologues. « Je trouve que le regard est différent, plus ancien disons dans Les unions... Le ton un peu « niais » emprunté par Deschamps reflète, au fond, le contenu de l'époque, mais la « game » entre patrons et employés est une réalité qui n'a pas changé. » Geneviève a fait remarquer qu'une chanson populaire exprimait très bien l'évolution des relations entre patrons et employés : « Quand le foreman arrivait, on se baissait toutes les yeux, astheure, on fait rien, c'est le foreman qui sait plus où se mettre. » En fait, une idée semblait être partagée par tous, c'est que les patrons ont toujours une visée de productivité derrière la tête et que cela influence chacun de leurs gestes. Autrement dit, même s'ils agissent de façon sympathique, généreuse ou aimable, cela sert un but précis : faire travailler les employés ! Vickie affirmait que dans le milieu financier, « les patrons doivent amener les employés à fournir un certain travail, ils doivent les stimuler à travailler et donc trouver des moyens de les valoriser et de leur faire sentir qu'ils sont proches d'eux » et que, par conséquent, les intérêts du « boss » étaient constamment à l'avant-plan. Elle a donné l'exemple d'un patron venant saluer ses employés et s'intéresser à ce qui leur arrive. En réalité, croit-elle, il n'est nullement intéressé (personnellement) par la réponse, il ne fait qu'essayer de rendre l'atmosphère de travail agréable afin que les employés produisent plus. André a renchéri en disant que la situation était exactement la même qu'il y a cinquante ans et que les patrons offrent encore à leurs employés des «pseudo-bonbons» de la même façon qu'ils le faisaient il y a des années. Seulement, c'est beaucoup plus subtil de nos jours. Le personnage qui s'exprime dans le monologue voit tous les agissements de son patron d'un œil très positif parce que le patron agit sous des dehors tout à fait innocents. La situation est la même aujourd'hui, l'intérêt est seulement mieux camouflé.

Patrick a souri. Il a dit que le phénomène de la productivité accrue était très intéressant à observer dans l'entreprise pour laquelle il travaille parce que les cadres ont remarqué une augmentation de la productivité dans les semaines ayant suivi l'achat de nouveaux camions. «C'est un nouveau joujou pour eux, et ils prennent plaisir à travailler avec.»

La guerre des syndicats

La conversation s'est ensuite tournée vers la pertinence du milieu syndical en 2004. Maude se demandait si les syndicats avaient toujours leur place dans la société actuelle. D'un avis général, les participants ont affirmé que les syndicats avaient été mis sur pied pour des raisons plus que valables. Les conditions de travail dans les usines ou dans les mines étaient injustes et exécrables et les syndicats ont fait beaucoup pour les travailleurs. De nos jours, pourtant, Geneviève croit que les conventions collectives permettent aux employés d'être paresseux parce qu'ils estiment posséder des droits inattaquables. «À la base, je ne suis pas syndicaliste. La première fois que j'ai ouvert ma convention collective, c'est au moment où des employés m'ont présenté des griefs.» Ce qu'elle trouve dommage, c'est que la seule existence d'une convention collective encourage les employés à ne fonctionner qu'avec celle-ci, non pas avec leur jugement ou leur «gros bon sens». Elle est d'avis que les syndicats, surtout pour elle qui travaille assise derrière un bureau, sont dépassés. Patrick croit plutôt que les syndicats sont des organisations méritant d'être revues, mais qu'elles ne sont pas inutiles pour autant.

Vickie a quant à elle exposé la façon de voir de l'un de ses collègues qui l'a convaincue du bien-fondé des syndicats dans les milieux de travail. À l'heure actuelle, avec tous les mouvements d'employés entre les entreprises, avec la présence de travailleurs autonomes et l'ouverture du marché de l'emploi à l'échelle internationale, les dirigeants d'entreprises auront à revoir les conditions de travail qu'ils offrent à leurs employés afin de réussir à les garder à plus long terme. Par ailleurs, l'ensemble des participant a souligné que la fidélité envers son employeur était un sentiment en voie d'extinction chez les employés. « Il y a trente ans, tu ne voyais pas ça, des employés qui allaient travailler ailleurs pour demander un meilleur salaire, tu ne voyais pas non plus de divorces, les gens restaient au même endroit toute leur vie », a dit André. Il a aussi fait remarquer que, d'un certain côté, les travailleurs réussissent à s'approprier certains avantages sociaux ou salariaux en faisant la navette entre les entreprises en pénurie d'employés expérimentés. Vickie a ensuite expliqué que, comme un employé fidèle à son employeur ajoute à la valeur compétitive de l'entreprise, celle-ci doit investir de ce côté. Autrement dit, elle doit offrir un milieu de travail que les employés ne voudront pas quitter parce que les travailleurs ne sont loyaux qu'envers leur travail de nos jours, non pas envers leur patron. Or, dans toutes ces négociations, les syndicats auraient un rôle communicationnel à jouer. Ils pourraient à la fois servir les intérêts de l'employeur qui veut saisir les préférences de ses employés en termes de conditions de travail, et servir ceux des employés en mettant tous les efforts nécessaires pour essayer de redistribuer équitablement les profits de l'entreprise. « Le fossé entre employés et patrons est trop grand et c'est pour cette raison que les syndicats doivent subsister et jouer leur rôle. »

Une histoire de contenu et de contenant

À un certain moment de la conversation, les participants en sont venus à une conclusion générale par rapport aux trois monologues écoutés, qui dataient, je le rappelle, des débuts de la carrière de Deschamps; ils croyaient que deux éléments se distinguaient très bien dans les monologues: le contenant et le contenu, et que l'un était toujours d'actualité alors que l'autre était dépassé. Le contenu des trois monologues, soit la réalité de certains phénomènes sociaux (par exemple, le langage des adolescents), les rapports entre employés et employeurs ainsi que la recherche du bonheur ailleurs que dans notre vie propre, serait encore aujourd'hui d'actualité. Comme quoi certaines situations restent plus ou moins pareilles, d'une génération à l'autre. D'un autre côté, le personnage de Deschamps lui-même, avec sa naïveté, les références qu'il utilise, le langage précis qu'il emploie, serait un peu dépassé. Comme l'a fait remarquer Patrick, les gens de sa génération croient entendre parler leur grand-père ou leur père lorsque s'exprime le personnage. Le verbe du personnage est décalé par rapport au langage de la société (30 ans et moins) d'aujourd'hui, et encore plus de celui des adolescents. Vickie a constaté qu'il y a toujours un langage propre à une génération et que cela fonctionne un peu comme un code. *Aujourd'hui, t'es in ou bedon t'es out [...] «Es-tu hip?» Non chus pas hip.* Patrick, Vickie, André, Geneviève et Lina n'utilisaient pas ces termes exacts lorsqu'ils étaient plus jeunes, il y en avait d'autres tels que «pas rap», «dégueu», etc., mais il reste que le langage est imbriqué dans un contexte social. Finalement, ces trois monologues restaient tout à fait compréhensibles pour les participants, ils pouvaient générer de longues discussions parce qu'ils abordaient des thèmes et des idées à peu près intemporelles, mais ils sonnaient tout de même un peu surannés à leurs oreilles.

Un avant-goût de vieillesse

Le second bloc de monologues écoutés au cours de cette soirée était constitué de: *La liberté, Les vieux* et *Oublions*. *La liberté* date des années 1973-1974 alors que les deux autres ont été conçus vers 1975-1976. Le monologue sur la liberté met en scène le personnage-type de Deschamps qui s'interroge au sujet de la liberté individuelle et qui en conclut que celle-ci reste utopique en société. Quant à *Les vieux*, il met en scène un personnage assez âgé qui relate ce qu'a été sa vie de couple de plus de trente-cinq ans en compagnie de la même femme. *Oublions* est une chanson faisant suite à *Les Vieux* qui reste un peu dans le même ton et qui poursuit, d'une certaine façon, le texte du monologue en adoptant toutefois un ton plus mélancolique.

Au départ, Geneviève a avoué n'être pas une grande fan de Deschamps. Même si elle trouvait certains passages drôles ou intéressants, elle a dit ne pas particulièrement l'aimer, lui, en tant qu'humoriste. « Je ne l'ai jamais trouvé très drôle. Je trouve qu'il fait réfléchir par contre ; ses textes sont intéressants à lire, mais je ne le considère pas vraiment comme un humoriste. Lina a ensuite donné son avis sur *Les Vieux*. En fait, ce monologue lui avait donné l'impression que Deschamps s'exprimait sur un sujet de maturité alors que lui-même n'était pas tellement vieux. Elle avait l'impression que ce qu'il exprimait était surtout appuyé sur une image, étant donné que lui-même ne pouvait avoir vécu ce genre de réalité. [NDA : Deschamps présente ce monologue et cette chanson en 1977-1978, alors qu'il était au début de la quarantaine.] « C'est sûr que ce n'est pas toujours rose de vieillir et je crois qu'il essaie de tourner ça au « ridicule-drôle », afin de mieux le faire passer. » André, quant à lui, croyait que la jeunesse n'était pas tellement un temps pour penser à nos vieux jours. « Moi, je n'ai pas encore trente ans, et je ne suis pas rendu là. Peut-être que lorsque ça fera trente ans que je serai avec la même femme, j'y penserai et commencerai à prendre conscience de certaines choses. » Lina croyait tout de même que le monologue était réussi, en ce sens qu'il parvenait à rendre la misère des vieux avec un bel humour. Patrick a ajouté que la réalité décrite par Deschamps était très semblable à ce qu'il constatait autour de lui. Il a donné l'exemple des personnes âgées qu'il voyait à l'extérieur, qui restent très silencieuses, les unes en face des autres. Ces couples âgés qui passent leur vie ensemble sans nécessairement s'adresser la parole. Comme s'ils n'avaient plus rien à se dire, ou simplement qu'ils ne ressentaient pas le besoin de se parler ; ils sont ensemble, sans plus. En fait, trouvait-il, ils donnent l'impression d'avoir fait, avec le temps, tellement de compromis, qu'ils sont un peu devenus une seule et même personne. Il trouvait donc très intéressante la perspective de Deschamps parce que cela lui apparaissait comme une forme d'explication d'une réalité que l'on ne voit habituellement que de l'extérieur, à travers ces couples silencieux. Lina était d'avis que la représentation du couple était, en quelque sorte, à l'opposé de la liberté parce qu'il était coincé dans la routine, dans un petit cercle, parce qu'il ne peut plus se sortir de cette vie qui est toujours la même. «Dans le fond, on n'est jamais libre», en a conclu Geneviève.

Autour de notre liberté

Geneviève a ensuite poursuivi la conversation sur le monologue La liberté, elle disait que ce que dépeignait Deschamps était comparable au dicton «le malheur des uns fait le bonheur des autres». «C'est exactement ça: si tu décides que tu es libre et que tu veux aller t'acheter une crème glacée, tu peux. Seulement, si le marchand de crème glacée a décidé de ne pas se lever ce matin-là, tu es seul avec ton envie de crème glacée.» Finalement, les participants en ont conclu que l'on ne pouvait jamais être tout à fait libre et qu'à un moment ou à un autre, nous devenions dépendants de quelque chose, de quelqu'un ou de nous-même. Geneviève a fait allusion à ce passage du monologue se moquant de la liberté individuelle: «*[...] supposons une parsonne à s'l'ève un matin, à dit: «Je suis t'seul [...], donc je suis libe-libe. Aujourd'hui, je décide que j'fais rien. [...] Mais d'un coup, ça tombe une journée qu'à l'flux.*» Cela, selon elle, rendait tout le paradoxe de la liberté individuelle: nous sommes libres... jusqu'à ce que d'autres mettent une limite à notre liberté ou même jusqu'à ce que notre corps lui-même impose les siennes. Patrick en a profité pour souligner cette phrase dans laquelle Deschamps dit que ce serait beau si UNE personne pouvait être libre (en parlant de lui-même). Geneviève a ajouté qu'au fond, le désir de liberté était très égoïste. Vickie a fait le parallèle avec ce que Patrick avait dit à propos du bonheur car elle croyait qu'en général, les gens se questionnaient davantage à propos de la liberté lorsqu'ils n'en avaient pas. «Oui», a dit Patrcik, «la liberté, c'est encore un autre problème de riches.» Vickie était plus ou moins d'accord avec cela, elle croyait plutôt que les gens qui revendiquaient le plus leur liberté étaient ceux qui en avaient vraiment besoin, que la liberté devenait importante lorsqu'elle était une question vitale. Elle a donné l'exemple des femmes du Moyen-Orient, totalement dépouvues de liberté, et a ajouté que la question prenait pour elles une tout autre signification que pour les Occidentaux, bref, que le mot reprenait tout son sens pour elles. Elle a mentionné que plusieurs personnes immigraient au Québec justement parce qu'elles choisissaient un mode de vie permettant d'évoluer dans un milieu beaucoup plus libre. « Là-bas, ils n'ont pas même la liberté de se demander s'ils sont libres. » Patrick était loin d'être du même avis. Selon lui, l'absence de liberté au Moyen-Orient était une problématique purement occidentale. « Je serais curieux de parler avec ces gens-là pour voir s'ils ont un problème avec la liberté », a-t-il dit. Geneviève a fait remarquer que, de toute façon, la seule liberté que le personnage de Deschamps réussissait à obtenir, c'était la liberté de ne rien faire parce qu'au moment où il a la possibilité de faire enfin ce qui lui plaît, il décide de rester au lit. Elle a ri, puis a avoué que ce serait sans doute le type de choix qu'elle ferait, elle aussi, si elle était libre du jour au lendemain. « Je choisirais de ne pas être prise dans l'engrenage métro-boulot-dodo, c'est un peu ça, la liberté. » Vickie s'est exclamée qu'en tant que paresseuse, elle aussi avait réellement été touchée par ce passage. « En fait, quand on attend notre liberté, on est persuadé qu'au moment de l'avoir on fera un paquet de choses. Pourtant, on ne fait rien de spécial quand on l'a. Quand j'ai fait mon *burnout*, je n'étais plus capable de rien faire au travail. Une fois que le diagnostic a été confirmé, je me suis dit que j'allais pouvoir prendre soin de moi et faire plein de choses, mais je n'ai rien fait du tout. C'est la même chose pour les vacances : on veut toujours profiter de tout ce qu'il y a, faire tout ce qu'on ne réussit pas à faire au cours d'une semaine de travail, finalement, on ne fait rien ! Plus tu as de temps, moins tu fais de choses, et vice-versa. » Geneviève a finalement conclu que les contraintes amenaient, en un sens, une certaine forme de liberté.

Oublions, **le mal-aimé.**

Après la table ronde concernant *La liberté*, Maude a fait dévier la conversation sur *Les vieux* et sur *Oublions*. Ce dernier texte, qui prend la forme d'une chanson, n'a pas été très apprécié. Les gens pouffaient de rire en l'écoutant. On aurait dit que l'expression de Deschamps à travers la chanson était mal reçue. Comme si les participants ne savaient trop à quoi s'en tenir, comme s'ils se demandaient si ce texte était une parodie, s'il était drôle ou triste. Bref, le chant de Deschamps n'a pas fait l'unanimité, alors la discussion a surtout tourné autour de *Les vieux*. Maude a demandé aux invités s'il leur arrivait de penser à leur vieillesse et à ce que leur vie sera lorsqu'ils auront soixante-dix ans. « On veut pas le savoir ! » s'est exclamée Geneviève. Vickie, elle, a affirmé se distinguer de la façon de voir les choses du personnage de Deschamps. Elle ne pense pas en termes de continuité avec André. Non pas qu'elle veuille le quitter, mais elle ne veut pas, à trente ans à peine, se soucier de ce que sera sa vie plus tard. Ce qu'elle vit avec André, c'est dans l'immédiat. Il est évident qu'elle a des enfants avec cet homme et qu'elle n'a aucune envie de le quitter, mais c'est plutôt l'assurance de la continuité qu'elle souhaite éviter. Elle ne veut pas penser les choses en fonction d'un futur. « Il est certain que si nous sommes encore ensemble à cinquante ans, nous allons nous être mariés, mais je ne veux pas penser comme ça. » Lina a fait remarquer que les gens de sa génération faisaient davantage des choix en fonction de leur propre bonheur tandis que le personnage du monologue, lui (et sans doute la majorité des gens de cette génération plus âgée), avait fait un choix qu'il avait dû supporter toute sa vie. D'ailleurs, croyait-elle, la séparation est aujourd'hui un phénomène beaucoup moins tabou qu'autrefois et les gens se permettent de vivre autre chose après une expérience décevante ou un simple besoin de changer de vie. Vickie a souligné que la génération des vingt-trente ans allait sans doute évoluer et faire face d'une façon ou d'une autre à cette réalité parce qu'avec le temps, les êtres humains ressentent le besoin de vieillir avec quelqu'un, de ne pas être dans la solitude. « À cet âge (celui du personnage de Deschamps), tu ne te sépares plus, tu te sépares pour mourir, point. »

L'amour, l'habitude, le quotidien

Maude s'est demandé si l'on pouvait encore qualifier d'amour le type de relation qui unissait le personnage de Deschamps à sa femme. « Croyez-vous que c'est toujours de l'amour, rendu à ce point-là ? Croyez-vous que les gens restent ensemble parce qu'ils n'ont pas envie de recommencer ou de rester seuls ? » Geneviève était d'avis que, malgré tous les propos que tient le personnage, qui est lassé par sa femme et qui dit être resté avec elle parce que des événements extérieurs l'ont empêché de partir à chacune des fois où il en avait envie, cela était toujours de l'amour. « S'il n'avait pas aimé sa femme, il serait parti. Ce n'est pas parce que son père était décédé qu'il est resté, c'est parce que, malgré ce qu'il dit ou croit, il aime sa femme. » Lina a souligné que le personnage semble se plaindre du fait que lui et sa femme ne se parlent plus. Elle était d'avis qu'après un temps, la parole n'est plus une nécessité dans le couple, parce que la communication se fait de façon plus subtile. « Tu te connais tellement, avec le temps, que tu n'a plus besoin de parler. » Vickie était d'accord avec cette idée. Elle croyait que l'amour se transforme avec le temps, qu'il devient davantage une complicité qu'une passion. Les activités changent avec l'âge et les sentiments s'adaptent à ces changements. La vie n'est plus la même. Elle a dit qu'il lui arrivait de croiser des personnes âgées qui semblaient s'ennuyer ferme, mais que d'autres fois, elle en voyait qui semblaient profiter de la vie de façon superbe, à deux. « Ils font leurs petites affaires qui ont peut-être l'air un peu ridicules, mais ils ont l'air de s'amuser. Je me demande si on sera comme ça, André et moi, si on continuera de jouer au scrabble, de faire nos mots croisés… Déjà, à vingt-huit ans, on a l'habitude de faire nos mots croisés le matin, on fait autre chose aussi, bien sûr, mais on tripe ensemble ! » Geneviève s'est demandé si, au fond, les gens avaient vraiment envie de se séparer à cinquante-trois ans, de recommencer avec quelqu'un d'autre, de faire des compromis… Vickie a souri puis a donné l'exemple de sa grand-mère, qui vit une vie assez particulière : elle a survécu à ses deux maris et, à plus de quatre-vingt-dix ans, elle a un amoureux plus jeune. Puisque les femmes de sa génération avaient l'habitude de se charger des tâches ménagères, elle a pris soin de faire savoir à son copain qu'elle ne souhaitait pas vivre de cette façon. De plus, elle a choisi de vivre avec le mari de sa sœur décédée. Autrement dit, elle ne recommence pas le processus d'adaptation du début puisqu'elle connaissait déjà cet homme. Geneviève a fait remarquer qu'Yvon Deschamps utilise d'ailleurs dans son monologue l'expression « cinquante-trois ans de compromis » lorsque le personnage parle de sa vie de couple et qu'après une telle somme de compromis, il est tout à fait normal de ne pas repartir à zéro.

Encore une fois, le langage

Vickie avait noté en cours d'écoute que le langage utilisé par Deschamps avait évolué entre les premiers monologues et ceux-ci. Les propos étaient moins «typiquement québécois», le personnage utilisait légèrement moins le joual pour s'exprimer. Bien sûr, il était évidemment très québécois, mais les mots et expressions étaient plus recherchés. Quant à Patrick, il avait été frappé de voir que le monologue traitait des thèmes, des questions et des situations qui le concernaient lui aussi. «Quand on est jeune, on se questionne à propos de la liberté, on réalise très vite que l'on n'est pas vraiment libres dans la vie, alors on choisit de vivre en prenant le meilleur des deux mondes : en vieillissant avec la bonne personne. C'est là la direction que la majorité des gens va choisir.» Vickie a fait remarquer qu'en fait, Yvon Deschamps mettait en scène la réalité de sa propre génération et que l'on pouvait presque suivre l'évolution d'une génération à travers son œuvre. «C'est comme leur biographie à eux», a ajouté Vickie. «Nous, il n'y a qu'une partie des propos qui nous touchent. Le sujet est bon, mais c'est dans la façon de le présenter que, parfois, il nous perd.» Patrick a ri, puis a dit que pour notre génération, ce serait sans doute l'émission *Friends*.

Maude a ensuite demandé si quelqu'un avait quelque chose à ajouter. Vickie a soufflé lentement : «Je ne veux pas vieillir...»

La politique : du pareil au même !

Le troisième bloc de monologues comprenait l'ouverture du spectacle de 1992-1993 *U.S. qu'on s'en va?* ainsi que le monologue du même titre. Les deux textes ont une saveur très politique. L'ouverture fait état d'une certaine forme de constance en politique, comme si la politique était une roue qui tourne, et qui suit un même cycle. *U.S. qu'on s'en va* est davantage axé sur la politique québécoise elle-même et sur l'état actuel (au moment de l'écriture) de la situation sociale et politique du paysage québécois.

Après l'écoute, Lina a fait remarquer que les deux monologues avaient un contenu centré sur la politique. «C'est sûr que l'on se pose toujours les mêmes questions aujourd'hui : par exemple, l'environnement est encore une priorité. De plus, ce que Deschamps dit au sujet des médias et des experts qui ne dévoilent pas toujours toute la vérité à propos de ces enjeux est assez réaliste. Comme lorsqu'il dit: «Quand Bernard Derome dit que c'est une catastrophe, c'est une catastrophe! Alors qu'au fond, le feu de Saint-Basile-le-Grand, comme il le dit, on n'en a plus entendu parler après un temps et ce n'était pas la fin du monde comme ils l'avaient annoncé. C'est vrai que c'est souvent comme ça et qu'on n'apprends la vérité que des années plus tard.» Geneviève s'est demandé de quelle époque datait ce monologue, elle trouvait qu'il était toujours d'actualité, même si, en vérité, il avait été écrit il y avait plus de douze ans. André trouvait que, en ce qui a trait à la politique, douze années n'étaient pas une longue période, au contraire. Il était plutôt d'avis que les mouvances sociales prennent davantage de temps avant d'advenir et de faire changer les idées d'une époque. Dans cette perspective, douze ans ne sont pas un long laps de temps. Lina, quant à elle, avait remarqué que le monologue mettait en évidence la stagnation de la politique québécoise par comparaison avec d'autres, à commencer par l'Europe. «En fait, c'est comme s'il était très facile de se critiquer nous-mêmes, Québécois, de voir que d'autres ont avancé, mais que nous n'avançons pas. C'est triste de réaliser cela.»

Au Québec, on est mous!

Geneviève a peu après abordé le sujet de la population québécoise et la façon dont elle agit, ou n'agit pas. «On n'arrête pas de dire qu'il faut faire quelque chose pour régler tel problème ou tel autre, mais finalement, on ne fait rien. Il n'y a personne qui fait quoi que ce soit!» André a conclu que c'était typiquement québécois comme attitude, et les participants étaient d'accord avec lui. Pour Geneviève, le discours québécois est toujours le même, de même que celui des politiciens. Elle était persuadée que le manque de nouveauté dans les idées politiques était la principale cause de la lassitude généralisée des citoyens et, par conséquent, de leur abstention au vote. «C'est vrai que c'est une courte période, dix ans, pour nous, mais dans ma vie, ce n'est pas si petit que ça. C'est peut-être petit dans l'histoire, mais c'est tout de même incroyable de réaliser à quel point la société québécoise en est au même point, prise avec les mêmes problèmes. On parle des mêmes choses. Ce qu'il a écrit, Deschamps aurait pu l'écrire avant-hier. » Vickie a fait remarquer que d'ailleurs, les gens avaient ri davantage à l'écoute de ce troisième bloc. Geneviève, qui avait plus tôt affirmé qu'elle ne trouvait pas les textes de Deschamps drôles, a avoué avoir ri à l'écoute de ceux-ci, parce que ce qu'elle entendait la touchait davantage. Ce que dit Deschamps, notamment à propos du référendum, était toujours d'actualité, à son avis. « Ça fait plein de fois qu'on vote, quand est-ce que vous allez comprendre que c'est non ! À partir d'un certain moment, il faut passer à autre chose. »

Un souffle de nouveauté politique

Après avoir convenu à l'unanimité que les politiciens ont un rôle principalement relationnel, et que la plus grande partie des décisions sont dictées par des intérêts financiers, le groupe a abordé la question du discours politique québécois. « L'impression que cela me donne est que les partis politiques ont besoin d'argent pour financer leurs campagnes alors ils trouvent des investisseurs. Après, ils n'ont pas le choix de récompenser ces investisseurs en prenant des décisions qui les avantagent : des lois, du financement… » a dit Vickie. Elle a donc admis qu'elle était lassée par les convictions des politiciens, elle n'est partisane ni d'un parti ni d'un autre, mais elle espère plutôt de nouvelles idées amenées par un parti différent. Geneviève était tout à fait d'accord avec elle car elle attend elle aussi de nouvelles idées. « Je pense que les gens ont un peu peur du nouveau. Moi, j'ai voté pour l'ADQ, parce que c'était différent, mais en vérité, leurs idées ne sont pas vraiment celles que je recherche. » L'idée générale qui ressortait de cette conversation était le besoin d'un vent de fraîcheur sur la société québécoise. « Au Québec, nous ne revendiquons rien. Nous nous plaignons, encore et toujours, mais nous n'agissons pas. Un Français avec qui j'ai un jour travaillé m'a déjà dit, étonné : « Vous ne faites jamais la grève, vous ? » Non, ici, on ne fait que se parler entre deux balcons, et se plaindre… » Vickie a donné l'exemple de la mère de l'une des amies de sa fille, aussi Française, qui était très étonnée de se faire jeter des coups d'œil furieux lorsqu'elle utilisait son klaxon. Chez elle, l'utilisation du klaxon n'est pas une agression, elle est plutôt une forme de communication : « Regardez, il y a un espace de stationnement libre pour vous » ou « Attention, cessez de reculer, je suis derrière. » Ici, les gens n'aiment pas le klaxon, ils se sentent attaqués. Geneviève a ajouté que même les gens de l'extérieur percevaient les Québécois comme un peuple mou et sans échine. « Ce n'est pas pour rien qu'ils choisissent de venir s'établir ici. On les accueille, tout est beau, il n'y a aucun problème. C'est vrai qu'on est comme ça ! » Lina trouvait que cette attitude ressemblait beaucoup à une forme d'inconscience et les participants étaient tous d'avis que cela était dommage de réaliser que les Québécois sont ainsi faits. « Vient un moment où l'on doit arrêter de chialer et prendre les choses en main parce que sinon, ça ne changera jamais », a dit Geneviève. Patrick a fait remarquer que si nous avions suivi les conseils de Deschamps en 1992, plusieurs de nos problèmes auraient été réglés. Il trouvait assez impressionnantes les diverses allusions à la compagnie Bombardier et aux subventions qu'elle reçoit du gouvernement, parce que la situation est encore semblable aujourd'hui et que ces subventions font toujours l'objet de critiques de la part de certains journalistes. Patrick avait aussi beaucoup aimé le commentaire sur Bernard Derome, cette figure importante des nouvelles télévisées. « Finalement, c'est juste un show, les nouvelles, c'est ça qu'il essaie de nous faire comprendre quand il fait allusion à Bernard Derome. » Lina, elle, croyait que le texte faisait réfléchir quant à la capacité de réaction des Québécois. « C'est un peu comme si on s'en faisait avec les choses qui n'ont pas d'importance, ou peu, et qu'on laissait de côté celles qui en ont. » Geneviève était du même avis : les gens ont l'habitude de s'apitoyer, de critiquer sévèrement, de blâmer, et tout de suite après, ils vont au coin s'acheter une crème glacée, comme si de rien n'était.

Une société qui avance malgré tout, et une génération qui laisse la place à une autre...

Non mais ça a changé en tabarnouche ! [...] Là je dis des niaiseries parce qu'y a rien qui a changé. [...] En fait, moé j'pense que c'qui a le plus changé depuis 70, c'est moi.

Maude a interrogé les participants pour savoir à quels signes, quels détails, eux réalisaient que le temps avait passé et qu'ils avaient vieilli. Ils ont tous souri et ont enchaîné les instants de leur vie et leurs attitudes qui ne sont plus les mêmes qu'auparavant : *quand tu te fais dire «vous», quand tu n'es plus capable de dormir la nuit, quand tu te lèves le matin même si tu n'as pas d'enfants, quand tu te réveilles de toi-même à 7:30 du matin, quand tu commences à parler en «dizaines d'années», quand tu as absolument besoin d'un café pour fonctionner le matin, quand tu sors et que tu rentres à la maison à minuit et demi, et que tu ne rentres pas travailler le lendemain matin parce que tu es trop mal en point, quand tu réalise que lorsque tu es fatigué, tu réagis différemment...* En fait, croyait Geneviève, il y a une quantité indéfinie de détails qui rappellent aux gens que le temps a passé. Patrick a donné un exemple récent qui lui avait fait prendre conscience que ses références culturelles personnelles avaient elles aussi vieilli. Il avait écouté le film *Butterfly effect*, dans lequel un adolescent a dans sa chambre un poster du film *Seven*. Or, pour Patrick, ce film date d'hier, mais dans le film, il a plutôt un statut «rétro-kitsch», comme un vieux film duquel il est bien vu de posséder l'affiche... Pour Patrick, ça a été un choc. Lina trouvait que *U.S. qu'on s'en va* présentait un personnage qui n'avait pas vu le temps passer et qui ne comprenait plus la société qui l'entourait. «C'est un peu comme nous, les Québécois. On laisse aller les choses, on attend, et un jour on se réveille. Puis on se rend compte que l'on n'a pas fait les bonnes choses.»

La soirée se prolonge

Le dernier bloc ne comprenait qu'un seul monologue, *La fin du monde*, qui dure une bonne vingtaine de minutes. La majorité des gens étaient un peu fatigués et, comme plusieurs sujets inépuisables tels que le bonheur, la liberté ou l'argent avaient déjà été abordés, la conversation était moins animée pendant cette partie. *La fin du monde* a été écrit à l'approche de l'année 2000. En réalité, le texte n'a pas été rédigé à proprement parler. Depuis quelques années, Yvon Deschamps se contente de composer ses monologues sans les écrire ou les publier. Le texte n'existe donc pas et les participants ne pouvaient, cette fois-ci, lire et écouter en même temps.

Le personnage de Deschamps ou l'incarnation de nos parents

Le premier sujet abordé a été celui du langage particulier de Deschamps. André avait remarqué que le langage qu'il utilisait ressemblait beaucoup au langage de ses parents et de la plupart des gens de cette génération. Vickie a donné l'exemple de son père, qui est agriculteur, qui parle de façon très différente lorsqu'il s'adresse à elle et lorsqu'il s'adresse à ses employés. « On n'entend plus ça, la *pantry* et le *chesterfield*, on ne dit plus ça, nous, mais nos parents le disaient et le disent encore parfois. » André avait aussi noté la quantité d'allusions au monde scientifique que faisait Deschamps. À un moment, lorsqu'il téléphone à un professeur d'université afin de déterminer quelle est la date exacte du calendrier, il laisse un peu entendre que le savoir est entre les mains des scientifiques. Or, trouvait André, nous sommes à l'ère scientifique, nous avons accès très facilement à l'information. Cela fait que les gens abordent des sujets précis sans nécessairement posséder le vocabulaire adéquat pour en discuter ou même pour comprendre de quoi il est question. Autrement dit, la représentation que fait Deschamps d'un homme légèrement dépassé par les événements et les informations est très vraisemblable et, surtout, elle dévoile un pan de la réalité d'aujourd'hui.

Soyons clairs : c'est un personnage qui parle !

Yvon Deschamps a cette attitude particulière dans ce monologue qui, au moment même où il s'exprime, fait savoir au public que ses paroles ne sont imputables qu'au personnage qu'il joue. Deschamps explique à son public que lorsqu'il fait allusion à sa femme, et qu'il raconte des détails de sa vie intime, ce n'est pas du tout la réalité. Il mentionne cela à plusieurs reprises dans ce monologue et, même si le public est porté à rire de cette blague, il n'en reste pas moins qu'il y a un fond de vérité derrière. Geneviève a beaucoup apprécié cette entrée en matière qui met l'accent sur l'importance de distinguer l'homme du personnage. « Il a des propos dérangeants, mais aujourd'hui, en 2002, ça dérange ! Il doit donc maintenant préciser qu'il se met dans la peau d'un personnage lorsqu'il fait des blagues. Il doit le dire au public : « N'oubliez pas, c'est un personnage qui parle, ce n'est pas moi. » Et cela, il ne le faisait pas auparavant. Il a dit plusieurs choses qui se rapprochaient du racisme ou du sexisme… » Lina a fait remarquer qu'avec le personnage, le blâme, s'il y avait lieu, ne tombait sur personne. Vickie a poursuivi en soulignant que ses propos racistes ou sexistes n'étaient sans doute pas partagés par Deschamps qui est un homme instruit, intéressé et somme toute assez avant-gardiste. « Ses propos sont sexistes ou racistes, mais il ne l'est pas, lui. »

Le monologue le plus apprécié ou le portrait d'une génération très proche de la nôtre

Les références à l'université et au savoir très spécifique des professeurs a bien fait rire Geneviève. Elle trouvait que l'épisode au cours duquel le personnage de Deschamps cherche à obtenir une réponse brève et claire à sa question (quelle est la date exacte du monde?) en téléphonant à l'université était bien ficelé. De plus, cela représentait avec force le mythe, très répandu chez les génération précédentes, que les universitaires sont omniscients ou presque. « Aujourd'hui, il faut être allé à l'université, il faut des papiers pour avoir un emploi, etc. Dans le monologue, le professeur ne sait rien du tout. J'ai trouvé ça bien parce que c'est une pensée typique : « Ah! Ils doivent le savoir, eux. » Alors qu'au fond, ils ne le savent pas du tout. Vickie a poursuivi en précisant que les chercheurs universitaires et les professeurs étaient concentrés sur des sujets on ne peut plus précis traitant un seul domaine, alors quand vient le temps de discuter d'une idée plus générale, cela devient plus difficile.

Geneviève a réaffirmé qu'elle avait trouvé le monologue excellent, notamment parce qu'il traitait de quantité de sujets d'actualité comme Dieu, le Pape, les religions… « Donc », a ajouté Patrick, « Yvon Deschamps est un homme de sa génération qui s'est tenu au courant tout au long de sa vie. Ce qui est drôle, ce sont les clichés typiques qu'il utilise. Poussé à l'extrême, ça pourrait être mon grand-père qui dit : « À l'université, ils doivent savoir ça! » Mon grand-père a une manière de penser propre à son époque. Il pense certaines choses, mais il sait que de nos jours, avec l'évolution des mentalités, il ne peut plus les dire. À son époque, la société était beaucoup plus sexiste. Aujourd'hui, il sait que s'il demande à sa femme ce qu'elle lui a fait pour souper, il se fera regarder bizarrement.» Patrick trouvait donc que l'humour de Deschamps mettait en évidence les caractéristiques d'une génération, ou peut-être même deux, mais pas la sienne propre. Ses textes ne transcendent donc pas, selon Patrick, les générations. «Probablement que nos parents trouvent ses monologues encore plus drôles parce que ce sont leurs parents à eux qu'ils reconnaissent. Les archétypes que nous reconnaissons et qui nous portent à rire, ce ne sont pas les nôtres.»

Notre actualité, notre humour

Geneviève a tenu à préciser qu'elle avait, beaucoup, apprécié ce dernier monologue, et qu'en général, les plus récents textes l'avaient intéressée parce qu'ils faisaient référence à des éléments de l'actualité qu'elle était mieux en mesure de comprendre directement. Vickie était tout à fait d'accord avec elle: «En réalité, les anciens monologues faisaient aussi référence à l'actualité, seulement, ce n'est pas la nôtre, c'était celle de cette époque-là.» Donc, l'humour est sans doute un art un peu éphémère, en ce sens qu'il vieillit au même rythme que la société qu'il représente. «Nous, on trouve très drôle Daniel Lemire, par exemple. Pourtant, nos enfants ne trouveront pas ça drôle, Oncle George. Parce que ce sont des humoristes qui s'intéressent (avec succès) à l'actualité», a souligné Patrick. Finalement, les participants étaient d'avis que l'humour d'Yvon Deschamps était celui qui reflétait le passage de toute une génération, de toute une mentalité, et de toute une évolution sociale. Même s'ils trouvaient certains passages très drôles, très d'actualité et représentatifs de la réalité québécoise, il n'en reste pas moins qu'ils ne s'associent pas au personnage créé par Yvon Deschamps.

«Toute une soirée!» selon l'animatrice

«Ce vendredi soir m'a laissée à la fois perplexe et amusée. Après avoir travaillé sur Yvon Deschamps, après avoir lu plusieurs de ses monologues et en avoir appris beaucoup sur son évolution personnelle et professionnelle, voilà que j'entendais les autres aborder ses textes. J'avais de la difficulté à ne pas orienter la discussion en fonction de ce que je pensais, moi. Pourtant, tout s'est déroulé de façon intéressante et enrichissante. J'en ai appris autant sur la vie personnelle des participants que sur leur manière de comprendre les monologues.

« Malgré la mise au point que j'avais faite, la première chose que j'ai remarquée est que, plusieurs fois, les gens ne semblaient pas faire la différence entre ce que dit Yvon Deschamps, ce qui est de la fiction, et ce qu'il a réellement vécu. Après le premier bloc, j'écoutais les commentaires et je constatais que les participants ne remettaient pas du tout en question la véracité des faits qu'il relatait. Cela m'a tout d'abord étonnée, mais j'ai par la suite réalisé que mon attitude aurait sans doute été la même que la leur si je n'avais pas déjà lu sa biographie et certains de ses textes. Je comprenais pourquoi certaines femmes s'étaient mises à huer Yvon Deschamps à l'époque de *La libération de la femme*, elles ne faisaient pas non plus la différence entre l'homme et le personnage.

« Cette soirée m'a aussi fait réaliser que le temps avait passé. Ces amis avec qui je discutais avaient vieilli, nous en étions là, comme il y a dix ans, à parler de la vie, de nos vies, de nos expériences, de nos rêves, etc., et je me rendais compte que notre discours avait changé radicalement. Je me suis souvenu d'avoir lu une phrase qui m'avait choquée lorsque j'étais adolescente et qui disait que la jeunesse était l'époque des rébellions et des révolutions, puis qu'avec le temps, la fougue se dissipait. J'avais été agacée de lire cela parce que je ne voulais pas m'assagir, à cette époque. Je voulais rester dans l'audace, dans l'émotion vive, dans le « tout ou rien ». Pourtant, je vois aujourd'hui que cet auteur avait sans soute raison. Nous avons tous changé. Nos vies ne sont plus les mêmes, nos gestes et nos matins ne ressemblent plus à ceux d'il y a dix ans. Et le plus étonnant, c'est que cette vie nous plaît, et qu'elle est loin d'être ennuyeuse.

« Cette soirée a donc joué le rôle de mise au point. Nous avons constaté où nous en étions. Nous nous sommes comparés avec la réalité que représente Deschamps. Nous avons aussi pris conscience que nous constituions une génération, que nous étions là, vivants et Québécois, traînant un bagage social duquel on ne pouvait se dissocier, mais prêts à le remodeler.

« Bien sûr, nous avons ri, de nous, de nos parents, du monde en général, mais nous nous sommes aussi posé beaucoup de questions qui ne se règlent pas en une soirée. »

Commentaires et témoignages sur des monologues et des chansons

Ce chapitre contient un certain nombre de commentaires et de témoignages rédigés par mes deux collaboratrices à la réalisation de cet ouvrage. Elles et moi, nous avons convenu de donner suffisamment de détails afin de vous permettre de réagir à certains monologues et à certaines chansons. Et si cela stimule votre propre réflexion, faites-vous le plaisir d'en écouter quelques-uns. Quel bonheur !

Toutes les citations sont tirées du volume *Tout Deschamps* paru chez Lanctôt éditeur.

Les Unions, qu'ossa donne ? – 1968

Ça fait drôle de dire que ce monologue est le premier qu'a écrit Yvon Deschamps, il est tellement bon ! La façon dont il est conçu, avec de la musique qui accompagne les chutes de phrases pour ajouter au « punch » est vraiment particulière. Le personnage qui s'exprime est réellement d'une autre époque, pour moi. J'ai l'impression d'entendre parler les personnages de *Bonheur d'occasion*. Le pauvre type québécois qui travaille comme un forcené et qui n'a aucune conscience de la qualité de son travail ni même de sa valeur. En même temps, il y a certains côtés qui me ressemblent ou, plutôt, qui me ressemblaient. Si je repense à mon premier travail, à La Ronde (j'avais quinze ans), j'étais tellement contente de pouvoir travailler que j'aurais accepté n'importe quelles conditions. Je me sentais privilégiée d'être embauchée. Pourtant, je faisais une heure et demie d'autobus et de métro pour m'y rendre, le salaire minimum était de 3,85 $ / heure, je travaillais souvent jusqu'à une heure du matin, debout, sans pauses ou presque. Parfois, j'y allais pour rien parce que, comme il ne faisait pas beau, ils me renvoyaient chez moi... Je ne crois donc pas que les mauvaises conditions de travail soient un sujet dépassé, au contraire. C'est dans la nature des choses. Les chefs d'entreprise n'ont qu'un but : augmenter le rendement des employés, réduire les salaires et faire grimper les profits. Ce sont les lois du marché. C'est une logique implacable et c'est tout à fait normal compte tenu du système dans lequel nous vivons. Je pense que Deschamps a mis en évidence les rapports paradoxaux entre patrons et employés. Il y a beaucoup d'hypocrisie dans l'attitude de ce patron : il invite le personnage à la campagne pour lui faire tondre son gazon, il le récompense d'une bière chaude, il le renvoie en autobus...

Une fois, ma femme était tombée malade d'urgence. Ça fait que la pital a téléphôné, y était deux heures et quart, c'est l'boss qui a répond, y vient m'voir, y dit : « Ta femme est tombée malade d'urgence, y l'ont rentrée... » Y dit : « Voyons donc, énarve-toé pas avec ça ! Fait comme si de rien n'était, continue ton ouvrage. Si ya queque chose, j'te l'dirai. » C'est pas n'importe quel boss qui aurait faite ça !

Ce bout de monologue est dur à entendre, on se dit que c'est épouvantable d'agir comme le fait le boss, que c'est inhumain et opportuniste, mais que l'employé est tellement candide qu'il est heureux de la situation dans laquelle il se trouve. Il est responsable de son malheur, mais peut-on le blâmer ? Non. Il ne voit pas l'injustice. Qui plus est, l'hypocrisie est une attitude répandue. Je ne dis pas que tous les patrons sont des hypocrites, mais ils n'ont pas le choix de l'être parce qu'ils sont pris entre des intérêts divergents. D'une part, les actionnaires qui veulent toujours plus d'argent et, d'autre part, les employés, qui aimeraient eux aussi leur dû. Un patron doit donc trouver l'attitude qui convient pour stimuler le moral des troupes en leur donnant le moins d'argent possible. Dans *Les Unions...*, c'est vraiment la naïveté du personnage qui fait ressortir la tristesse et l'injustice de la situation. Je crois que les premiers monologues (*Le bonheur, Les unions..., L'argent*) ont un petit côté vraiment triste, parce que c'est criant de vérité. C'est la soumission du personnage qui nous fait haïr le boss. Il est tellement incapable de voir le mal dans le monde autour de lui, que c'en est révoltant... et touchant. On en arrive à réaliser que les naïfs, même s'ils ont une vision des choses très optimiste et belle, se font toujours avoir. Je serais portée à dire qu'il faut une certaine dose de lucidité pour ne pas se faire avoir dans la vie, il faut être rusé ; mais souvent, trop de lucidité mène au cynisme et le cynisme, c'est stérile. On en vient à tout critiquer, à être désabusé lorsque l'on est trop clairvoyant. Je crois que, pour apprécier la vie, on doit préserver une certaine naïveté, sinon on se déshumanise. Le boss, par exemple, traite sa femme comme une quantité négligeable :

« *Mets des gâzettes su l'siège d'en avant pour pas salir pis viens t'assir avec moé.* » *Fa qu'j'y dis :* « *Boss, c'est La Patrie d'aujourd'hui !* » *Y dit : Ça fait rien qu'à soye fripée, c'est pour ma femme* » (p. 15), il coupe sèchement l'employé qui veut lui signifier toute sa reconnaissance : *[...] mais avant de partir, j'voudrais vous dire comment...* » *Y dit* « *T'as pas l'temps, v'là l'étobus !* » bref, il ne veut pas entendre parler de ce qui est humain, ça l'agace. Il est plutôt là pour se pavaner, faire admirer sa belle voiture, sa belle maison, et pour que cela se fasse, le regard de l'employé (d'un moins nanti) est nécessaire. À qui montrerait-il sa réussite, sinon ?

Tout cela pour dire que je suis d'avis que la question syndicale est un peu dépassée, mais que dans ce monologue, on va beaucoup plus loin que la question syndicale. Ce sont les incongruités du système dans lequel nous évoluons qui sont mises au jour, les inégalités matérielles, sociales et intellectuelles et, surtout, les inégalités de pouvoir. Toute la dynamique du pouvoir est là : le boss qui prend toute la place et l'employé qui dit merci en penchant la tête. Ça me fait penser au film *The experiment*, dans lequel des scientifiques allemands font une expérience et observent les réactions de douze hommes choisis au hasard, dont six sont promus « policiers » et les autres sont emprisonnés dans une prison reconstituée pour l'expérience. Cela dégénère rapidement. On voit que n'importe qui, dans une situation de pouvoir, réagit autrement que s'il est en situation de non-pouvoir. C'est un peu ça, dans le monologue de Deschamps : le boss n'est sans doute pas beaucoup plus instruit que l'employé (on le voit notamment par ses goûts vestimentaires (bermudas à carreaux), la décoration de sa maison (avec des flamands roses en plastique, etc.), mais il est en situation de pouvoir. Et il est là parce qu'il sait trouver et exploiter les faiblesses des autres. C'est très simple, mais c'est aussi très vrai.

La liberté - 1973

« C'est tellement ça ! », c'est ce qu'on se dit après avoir écouté ce monologue. C'est tellement vrai. La liberté, au fond, ce n'est qu'un idéal, il est tout à fait impossible d'être totalement libre en société, justement parce que nous ne sommes pas seuls. Yvon Deschamps le démontre d'une façon très simple, mais très efficace. *Mais j'ai jamais dit ça d'ma vie, j'ai jamais dit ça. Écoutez donc quand je parle. J'ai dit, textuellement : « Ça s'rait tu beau si UNE parsonne...[pouvait être libre] » et je parlais de moé-même, pas d'vous autres.* Sa logique s'applique à tout le monde. Si moi, je veux faire ce que je veux au moment où je le veux, il est évident que je vais brimer la liberté de quelqu'un d'autre qui, parce que moi, j'ai fait un choix, devra en subir les conséquences. Si moi, je vais au cinéma, quelqu'un est derrière le comptoir pour me vendre un billet. Quelqu'un qui aurait sans doute fait autre chose de sa soirée. Et moi, pour obtenir la liberté d'aller au cinéma, j'ai dû travailler pour pouvoir payer mon billet. Finalement, la liberté que l'on obtient, on ne l'a que pour un moment. Brève illusion d'avoir choisi. Cela est dur à accepter : il n'en tient pas qu'à nous d'être libres. Que dire des enfants qui travaillent dans des usines en Asie, qui sont enchaînés à leur poste de travail et qui sont assis dans leur pipi ? Ils n'ont sans doute pas la même conception de la liberté que moi. Et les femmes musulmanes dont les maris se choisissent une seconde, puis une troisième épouse ? Non plus. Je pense donc que la liberté n'est pas exactement telle que la décrit Deschamps, ce n'est pas de « pouvoir faire qu'osse qu'on veut, comme qu'on veut, quand on veut», c'est d'avoir le minimum nécessaire pour donner une certaine direction à notre vie. Le minimum de connaissances, pour pouvoir évaluer ce qui est bien pour nous, ou non. Le minimum pour se nourrir, se vêtir et se loger... À partir du moment où l'on est devant deux possibilités, on est un peu libre. On peut choisir. Mais cela n'est pas donné à tout le monde, c'est certain. Il y a des contraintes physiques, intellectuelles, politiques, sociales, etc. Moi, par exemple, j'ai choisi de voyager et d'arrêter l'école. J'ai aussi choisi d'y retourner. J'ai choisi de ne pas travailler pour une compagnie dont je ne partageais pas la vision. D'un autre côté, je n'ai pas choisi mon physique, je n'ai pas choisi les rencontres que j'ai faites dans ma vie, je n'ai pas vraiment choisi mon travail, c'est arrivé tout seul, un peu par hasard. Donc, il est certain que la liberté absolue n'existe pas, mais je suis d'avis que lorsque l'on a le choix entre deux choses, on a une certaine liberté. Pour ce qui est de la liberté des événements auxquels nous faisons face dans notre vie, je ne sais pas. Je ne pourrais pas me prononcer là-dessus. Je dirais que notre existence s'échafaude un peu avec les choix que nous faisons lorsque nous avons l'occasion d'en faire, et un peu avec des mouvements extérieurs à nous, sur lesquels nous n'avons aucun pouvoir de décision. *Aide-toi et le monde t'aidera*, quelque chose dans ce goût-là. Encore là, il nous faut un minimum d'autonomie et de liberté pour choisir. Les quadraplégiques me diraient sans doute qu'ils n'ont pas une grande marge de manœuvre et ils auraient raison. Je crois que c'est un thème très complexe, mais que Deschamps le traite d'une façon simple en disant qu'il y a des échelles de liberté : on peut être libe-libe-libe, libe-libe, libe ou liiiiiiii!

Le fœtus – 1970

C'est l'un des meilleurs monologues que j'aie lu jusqu'à maintenant. Je ne sais pas si Yvon Deschamps l'a écrit en faisant allusion au référendum et à l'attitude des gens face au changement, mais c'est du moins ce qui ressort, à mon avis, à la première écoute de ce texte. L'image du fœtus est vraiment excellente, elle représente la situation avec humour, délicatesse et vérité. Le monde clos, facile, rassurant et minimaliste du fœtus versus le monde exigeant, risqué, hostile et changeant du dehors. C'est la stagnation versus le mouvement. C'est vrai, tout changement implique une certaine part de risques et exige une adaptation. Je pense qu'on peut très bien faire le parallèle avec la question de l'indépendance du Québec, mais aussi avec toute situation qui demande un certain effort pour s'améliorer. C'est toujours plus facile de ne rien faire, de se fermer les yeux. Il le dit bien, à un moment : *J'aime pas ça la lumière, on dirait qu'ça grossit les affaires. C't'épeurant ça! Moé j'aime mieux ça à noirceur [...] ben quand y fait noir tu vois rien, ça que t'as pas d'problèmes [...] chus comme dans un étui, y peut rien m'arriver* (p. 60). Dans la vie, c'est tellement plus facile de ne pas se poser de questions, ça prend du courage pour se demander si telle chose est bonne ou mauvaise, pour remettre les pratiques courantes en question et pour mettre en jeu la stabilité de sa vie seulement pour des convictions. Il y a très peu de gens qui choisissent la voie ardue. Je pense que, de toute façon, la vie s'occupe de nous ébranler parfois, de jeter par terre notre petit monde stable et sûr afin de nous faire comprendre que ce n'est pas ça, justement, la vie. Vivre, c'est aussi risquer, être vulnérable. La vraie force, c'est d'accepter de se remettre en question régulièrement. De désapprendre pour repenser différemment. Je crois que ce que nous dit Yvon Deschamps, c'est qu'il faut réapprendre et que cela demande des efforts, ce à quoi la majorité des gens ne sont pas prêts. J'ai l'impression que *Le fœtus* a été écrit en fonction de la situation politique du Québec à cette époque, mais je suis persuadée que l'idée peut s'appliquer à quantité d'autres événements. Nous sommes comme des enfants devant la nouveauté, devant l'inconnu : *Faut qu't'apprennes, faut qu'tu commences. Pis normalement, ça commence par : « Gaaaaaa... Gaaaaaa... Bou, bou, bou... »*. Autrement dit, c'est difficile et on ne peut pas tout avoir du premier coup.

En même temps, Deschamps dénonce toute la ouate que les parents installent autour de leurs enfants et le mauvais exemple qu'ils peuvent donner : *Va falloir que je parle bien. Eux autres y parlent comme des pieds! Y vont vouloir que j'sache toute [...] pas le droit de fouiller par exemple!* C'est vrai que, d'une certaine façon, les parents agissent comme cela avec leurs enfants. Mais comment feraient-ils autrement? Ils doivent éduquer en sachant qu'il est impossible d'être parfaits (parce qu'eux ne le sont pas). Il est donc certain que leur attitude est contradictoire. Faites ce que je dis, mais pas ce que je fais.

Je trouve que la fin du monologue est très touchante et qu'elle donne une tout autre direction au texte, nous ne sommes plus dans l'allusion au référendum, nous sommes dans la question de la vie elle-même : *Entendez-vous en bas? JE SORS PAS! Arrangez vous avec vos problèmes. C'tait à vous autres d'y penser avant [...] Ah! Y est parti. Ben peut-être qu'y a décidé d'y r'penser? [...] Y ont presque le droit d'changer d'idée astheure... Moé ça m'arrangerait. Ça m'arrangerait parce que dehors ça pas d'allure.* C'est un peu comme si Yvon Deschamps nous faisait réfléchir à propos de la natalité (ou de la dénatalité). C'est vrai, les gens veulent mettre au monde des enfants dans des conditions idéales alors ils attendent, ou ils changent d'idée. Je ne veux pas porter de jugement là-dessus, parce que moi-même je n'ai pas d'enfants et que je ne suis pas certaine d'en vouloir, mais je peux comprendre ce que veut dire Deschamps. Mettre un enfant au monde, c'est du travail, c'est parfois ardu, et le monde dans lequel on vit n'est pas toujours comme celui que l'on voudrait offrir à notre enfant, alors on hésite, on repousse le moment ou on revient sur notre décision. Lorsque le fœtus dit : *Chus tellement bien ici que c'est ici que j'aimerais mourir*, c'est dur à entendre. Comme si le symbole même de la vie, le fœtus, reniait la vie. Ça fait un choc d'entendre une phrase pareille. C'est triste. Toutefois, lorsque je pense à l'avortement ou même à l'euthanasie, j'ai tendance à me dire que c'est une bonne chose, que les gens ont tout à fait le droit de choisir et que l'avortement est bien souvent une alternative tout à fait légitime. Pourtant, le fait d'entendre un fœtus décider fermement de ne pas venir au monde me sidère. C'est à ce moment que je réalise que ma logique ne tient pas : si un fœtus ne peut pas prendre cette décision, sous quel prétexte, moi, je le pourrais? Peut-être parce que j'ai l'expérience de vie pour juger. Mais encore...

Bref, ce texte est génial parce qu'encore une fois, il nous fait passer par toute une série de réflexions et d'émotions. Il y a de nombreux sens à trouver dans ce monologue et je suis certaine que l'on peut l'écouter plusieurs fois et toujours y trouver sujet à discussion.

Les bénévoles – 1992

Le monologue *Les bénévoles* est l'un de ceux que j'ai entendus qui va le plus loin. J'ai aussi lu *Nigger Black*, qui est un peu dans la même de la même trempe, mais celui-ci est aussi très audacieux en son genre. Habituellement, je trouve que Deschamps réussit à utiliser un discours très répandu, très «cliché», pour nous faire réaliser tout son ridicule. Ici, je ne sais pas. Le discours est TELLEMENT irrespectueux envers les handicapés et les personnes âgées, ça me fait ouvrir les yeux tout ronds!

Mais là je r'garde les trois gars en chaise roulante. Là disons que si j'vous disais handicapés, ce s'rait léger comme terme, disons. Y étaient plutôt maganés là, ah tabarnouche! Eille, le genre là, ça prend la chaise à batterie, t'sais, à peu près 40 livres, les p'tits p'tis bras, les p'tites p'tites jambes, c'est jusse pour faire marcher le p'tit piton, t'sais, ben des p'tits coussins pour pas piler d'sus, une grosse tête, ben une tête ordinaire mais avait l'air grosse parce qu'y avait pas rien en d'sous...

C'est franchement épouvantable de prononcer des paroles comme celles-là. Ce qui est le pire dans tout ça, c'est que c'est tout à fait réaliste. Les handicapés ont l'air de ça. Ce qui est choquant, c'est de l'entendre dans ces termes-là. C'est impertinent. En même temps, on peut se demander si ce n'est pas simplement le malaise de voir des gens comme ceux-là qui nous rend si coincés dans notre discours et qui nous fait sursauter en entendant une description aussi près de la vérité, aussi crue. D'un certain côté, habituellement, on évite plutôt le sujet. On détourne aussi le regard, lorsqu'on est devant des personnes aussi mal en point, parce que c'est dur de réaliser qu'il y a des êtres qui vivent dans ces conditions. Donc, même si la description de Deschamps me fait tressaillir, je suis d'avis qu'il est mieux de regarder les choses en face plutôt que de faire semblant de ne pas les voir. Ces jours-ci, le langage «politically correct» est très populaire: on dit «personne à mobilité réduite» plutôt qu'handicapé; «non-voyant» plutôt qu'aveugle, etc. Ce sont des euphémismes, tout simplement. Et ça n'améliore pas la condition de ces gens-là, ça ne fait qu'adoucir le mot et atténuer la gravité de la chose (de notre point de vue, évidemment). Alors même si spontanément je sursaute en entendant certaines parties de ce monologue, je préfère les entendre plutôt que de faire l'autruche. Maintenant, je crois aussi que Deschamps veut nous faire réagir, il veut provoquer une réaction. En poussant le discours du personnage jusqu'à l'intolérable, il suscite une réaction. Or, la majorité des gens sont indifférents au cas des personnes qui nécessitent de l'aide. Bien sûr, il y a des bénévoles dans le monde, mais c'est une minorité de gens. Le temps est tellement précieux de nos jours que l'on ne considère pas même l'idée de le «gaspiller» en faisant du bénévolat. Le personnage de ce monologue pousse l'indifférence à son paroxysme: il va même jusqu'à battre une personne âgée. C'est presque insupportable: *J'y ai sacré un coup d'pied sua canne, est rentrée dans l'centre d'accueil à quatres pattes. J'tais là, j'y donnais des p'tits coups d'pied: «Envoye, envoye! Rentre!»* En écoutant ça, on réagit, c'est inévitable, et c'est, je crois, la qualité première de ce monologue. Il fait aussi rire, c'est sûr, parce que même si c'est choquant d'un côté, c'est aussi hilarant de l'autre. De toute façon, face aux handicapés ou aux personnes âgées non autonomes, nous n'avons que deux solutions: s'apitoyer et s'attrister devant leur réalité ou en rire un bon coup pour changer le mal de place. Je pense qu'ici, l'humour joue un peu le rôle d'exutoire. Lorsque Yvon Deschamps raconte que les trois vieux dont il doit s'occuper au centre d'accueil se mettent à péter (*Ben rien, un moment donné y s'mettent à péter toués trois!*) ou parlent de leurs problèmes de santé (*Moé chus rendu tellement impotent que j'aimerais pas que mes enfants me voyent comme ça*), c'est très drôle, mais c'est un peu comme si le personnage ne savait pas quoi faire avec ces personnes-là: «Parlez-moé pas de t'ça», leur dit-il. On ne veut pas savoir que ça existe. Autrement dit: «Restez entre vous, bien loin de moi et de mon petit confort, ne me rappelez pas que vous existez!» Cette attitude-là est très répandue à notre époque. Les gens préfèrent donner de l'argent plutôt que de s'impliquer directement et personnellement dans une cause. Je ne peux pas juger, évidemment, parce que je ne fais pas de bénévolat non plus. Même si l'on a l'idée de le faire, on ne passe pas nécessairement à l'acte, alors je ne suis pas mieux que quiconque.

Aussi, je crois qu'il y a toute la question de l'inutilité de ces personnes qui est mise sur le tapis. Dans notre société, l'inutilité n'est pas valorisée. Nous sommes des gens pratiques, efficaces, compétents et performants. Même si les gens ne le disent pas, ils le pensent : quelle est l'utilité de rester en vie lorsque l'on n'est même plus autonome ? lorsque l'on ne sert plus à rien ? C'est le système du « chaque chose a une place, chaque chose à sa place », pas de place pour les inclassables. Je pense que c'est aussi ce que nous fait réaliser Deschamps en utilisant un discours bourré de préjugés et de paroles toutes faites. Il met en paroles notre attitude.

L'histoire sainte – 1975

Le monologue *L'histoire sainte* m'a laissée un peu plus froide que *Le bonheur* à la première écoute. Je dois avouer que je l'ai trouvé un peu long et qu'à certains moments, je ne voyais pas où Deschamps voulait en venir. Il est vrai que je ne suis pas une enfant de la religion. Je n'ai jamais eu de cours de catéchèse, sauf en deuxième année du primaire, parce que j'avais décidé de faire ma première communion avec les autres. Je ne connais à peu près rien de la Bible, je n'y ai, je crois, pas même jeté un œil. Alors lorsque Yvon Deschamps passe en revue les sept jours de la création, j'apprends au rythme où il raconte. Le premier jour : l'Univers. Le deuxième : la Lumière, etc. Évidemment, je peux faire le lien avec ce qui est dit dans la Bible. Même si l'on ne m'a pas enseigné la religion, j'y ai quand même été exposée toute ma vie par l'intermédiaire de la culture. Je peux donc comprendre de quoi il s'agit sans toutefois que cela soit relié à des enseignements ou à des pratiques religieuses. Je trouve que Deschamps a un œil très lucide et très critique sur la religion. Quand on pense que ce texte a été écrit vers 1975-1976, on peut dire que c'est un peu audacieux pour l'époque. Quoique... j'étais à peine née, je ne peux pas vraiment savoir. Je trouve pourtant que c'est un discours qui n'en a pas perdu de sa force et de son efficacité avec les années. Pour moi, qui n'ai pas suivi tous les enseignements catholiques et qui n'ai pas échafaudé ma vie et mes décisions en fonction des lois de l'Église, ce texte n'est pas du tout choquant (d'un point de vue religieux). La façon dont Deschamps ramène l'épisode de la Création à un simple «texte» n'ébranle pas mes convictions. C'est une façon de voir les choses plutôt répandue autour de moi. La religion n'est plus ce qu'elle a été, elle n'a plus le pouvoir qu'elle a déjà eu sur les mentalités, elle est à mon avis très «empoussiérée». Pour moi, la religion, c'est le dogme. Je crois que c'est en lisant René Barjavel récemment, dans *La faim du tigre*, que je suis tombée sur une phrase qui disait que le nom même de Dieu avait été sur-utilisé dans l'histoire et que de nos jours, ce concept avait plutôt fait place à la notion de la Vie comme puissance suprême.

«Dieu? Le nom de Dieu a trop servi. On s'en est trop servi. Quand on le prononce ou l'écrit aujourd'hui, une foule d'images se lèvent et occupent tout l'esprit [...] alors Dieu devient, dans l'esprit qui le pense, tel que l'Église le propose, c'est-à-dire impossible.» (René BARJAVEL, *La faim du tigre*, Paris, Gallimard [coll. FOLIO], p. 49-50)

Je trouve qu'il n'a pas tort. En fait, l'histoire sainte est superflue aujourd'hui. On n'a plus besoin de se faire raconter pareilles sornettes pour que s'établisse un code de vie social. Et c'est précisément ce que souligne Deschamps dans son monologue. Le côté matériel et didactique (la Bible, les histoires, les lois...) n'est plus d'actualité. La base de l'enseignement s'est perdue sous la quantité d'objets qui se sont superposés tout autour; toutes les procédures, les rituels, etc., ont étouffé et complexifié un enseignement qui est originellement très simple. La dimension «fictive» (et naïve) de l'histoire sainte, qui se raconte comme une histoire devant des enfants émerveillés, est constamment mise en relief par Deschamps. Le début commence même par «Une fois tout allait bien...», comme si l'on avait ouvert un livre de contes.

Il y a deux points importants qui m'ont frappée dans ce monologue. Premièrement, le sexisme facile dont Deschamps fait usage. Au début, j'étais choquée. Je trouvais que son humour était décevant. Je me disais qu'il s'était sans doute dégradé avec le temps (les premiers monologues que j'ai écoutés étaient ses premiers: *Le bonheur, Les unions*...) et qu'Yvon prenait sans doute un malin plaisir à provoquer le public. Pourtant, je ne voyais pas du tout où il voulait en venir. J'étais perplexe et déçue.

> *Là, y a rasé faire la femme. Après ça, y dit: « Non, je vais créer une belle créature, mais consciente ».* (p. 221)
>
> *Ça, c'était Eve [...] Entécas, entre vous pis moé, y a faite un trou d'trop... dans tête!* (p. 225)
>
> *[...] Eve, qui était épaisse [...]* (p. 227)

J'ai été froissée d'entendre cela. Je n'arrivais pas à déceler le sens derrière la blague commune. Je me disais que Deschamps avait régressé. Vraiment. Pourtant, plus tard, j'ai compris qu'il mettait plutôt en évidence le traitement réservé aux femmes dans les Saintes Écritures et dans la religion en général. À partir de ce moment, j'ai pu apprécier le monologue à sa juste valeur, je crois.

Le traitement de la femme tout au long du monologue illustre très bien celui qu'on retrouve dans la Bible. Je ne l'ai pas lue, mais j'en connais un peu la teneur, car j'ai eu accès à certains extraits au cours de mes lectures. C'est l'Homme qui occupe la première place dans la Création et dans le monde conçu par Dieu. La femme est secondaire, elle ne peut même pas jouer un rôle déterminant au sein de l'Église. Elle porte tout le blâme du manquement à la promesse relative au fruit défendu, etc. Tous ces détails (qui n'ont, à mon avis, aucun sens) sont traités dans le monologue, et ils font ressortir toute la dureté, l'implacabilité de Dieu (ou de l'homme?) envers la femme. Deschamps va même jusqu'à dire que c'est l'homme qui est en possession de l'appareil nécessaire à la procréation. Autrement dit, la femme non seulement n'a aucune utilité, mais en plus, ce n'est plus elle qui engendre la vie, tout le pouvoir est donné à l'homme. Je ne sais pas si l'intention de Deschamps était de dénoncer le caractère presque machiste des enseignements bibliques, mais c'est ce qui est le plus flagrant, à mon avis.

En fait, et c'est ce qui m'amène à la seconde chose qui m'a sauté aux yeux, c'est que Deschamps met encore une fois à nu, d'une façon subreptice, les aberrations qui se sont retrouvées dans la Bible. On n'a qu'à observer le personnage de Dieu, décrit par Deschamps: il est ridiculement narcissique, intolérant, fourbe et irresponsable.

> *Moé chus censé être partout/Mais vu que y a rien/Chus nulle part* (p. 220)
>
> *Comme je suis infiniment beau, infiniment intelligent, infiniment conscient, je vais faire une créature à mon image et à ma ressemblance* (p. 221)
>
> *Ça m'fait rien, vous pouvez rire, mais je suis faite à l'image de Dieu! Vous riez de moi; vous riez de lui. Moé chus pas méchant, mais lui peut v'nir comme un voleur par exemple, pis vous dire: «C'est toé qui riais d'moé t'à l'heure?» Vous allez passer un mauvais quart d'heure d'éternité* (p. 221)
>
> *Le bon Dieu s'est dit: «M'as l'tchéquer pour voir si y est capable de faire n'importe quoi.» Pis y dit à Abraham [...]: «J'ai pensé à une affaire, ça pourrait être drôle. Tu vas prendre ton p'tit gars, tu vas l'attacher dans un p'tit paquet, tu vas l'emmener dans le p'tit bois en arrière pis tu vas y rouvrir la gorge»* (p. 224)

Lorsqu'on lit et qu'on entend des phrases comme celles-là, on ne peut pas, même si l'on n'est pas catholique ni croyant, rester indifférent. Parce que c'est presque impossible de ne pas se poser de questions sur nos origines et sur la raison de notre existence; alors c'est certain qu'un jour ou l'autre, si on commence à réfléchir et à se questionner sur notre existence, on commence à s'intéresser à la Bible. C'est une référence archi-connue, alors on la consulte, pour la valider ou l'invalider. Deschamps, lui, nous met devant les incohérences. Si Dieu a créé l'humain à son image, pourquoi, alors, l'humain n'est-il pas parfait? Si Dieu a créé la femme, à quoi sert-elle? Si Dieu a conçu Adam et Ève comme des êtres capables de se reproduire, pourquoi, alors, n'ont-ils pas l'autorisation de le faire? Si Dieu est infiniment bon et juste, pourquoi, alors, élit-il un seul peuple alors que les autres peuples n'ont rien fait de répréhensible? Ce sont toutes ces questions que pose Deschamps, mais elles ne se perçoivent pas toutes à une première écoute. C'est sans doute là l'un des dangers du monologue. Comme c'est un spectacle en direct, certains éléments peuvent nous échapper et si l'on ne se donne pas la peine de réécouter les textes, on ne se souvient que des blagues faciles, on ne fait pas les liens nécessaires entre toutes les idées qui sont en filigrane.

Par ailleurs, je trouve que ce monologue dénonce très habilement l'ignorance dans laquelle la religion laisse les gens. Le dogme, c'est une idée imposée qui n'est pas obtenue à la suite d'une réflexion ou, au moins, qui n'oblige pas celui qui y adhère à faire le cheminement réflexif. Dans L'histoire sainte de Deschamps, c'est exactement ce qui se passe : Ève est « épaisse », Adam et Ève sont laissés dans l'ignorance par rapport à la pomme défendue, ils ne savent pas ce qui leur arrive lorsqu'ils commencent à s'embrasser, etc.

J'ai créé ça pour vous. Je vous l'donne. Vous pouvez faire tout c'que vous voulez avec, toute! Mais touchez pas à mes pommes. » Adam dit : « Pourquoi ? » Le bon Dieu dit : « Parce que. »

C'est le type de réponse qu'un parent fait à son enfant lorsqu'il veut éviter une trop longue explication. Moi, je suis persuadée que l'explication est nécessaire, parce que si l'on reste avec des interrogations, on reste aussi avec des doutes concernant ce qui nous est dit. Et puis de toute façon, je suis contre l'ignorance, donc contre les idées toutes faites. Alors finalement, le monologue de Deschamps est vraiment riche, encore une fois. Toutes les fois qu'on l'écoute, on découvre une nouvelle dimension, un nouvel angle critique que l'on n'avait pas perçu lors des écoutes précédentes, c'est là qu'est toute sa force.

Les régions – 1996

Ce monologue, qui date de 1996-1997, est particulier parce qu'il semble être divisé en deux parties distinctes. D'une part, le thème des régions, avec tous les préjugés, idées toutes faites et mythes que cela implique, et d'autre part, le thème de la politique et du budget Québécois. À ma première lecture, j'étais perplexe. Je me suis dit qu'il devait y avoir une raison pour avoir accolé ces deux idées dans un même texte. J'ai ensuite pensé qu'il devait y avoir un fait de l'actualité du moment qui avait inspiré cette structure à Deschamps. Bref, même si ce monologue date d'il y a sept ou huit ans, il n'en reste pas moins comique, et véridique. Les lieux communs concernant les régions y sont, je crois, tous traités. La température plus froide, le langage régional, l'attitude de « colon », l'absence de technologie... ils y passent tous. Le personnage déblatère sans arrêt en reprenant le discours du montréalais type qui ne met jamais le pied en dehors de sa ville et qui ne peut pas non plus apprécier les qualités du monde rural.

En fait, l'attitude du personnage qui s'exprime m'a beaucoup fait penser aux gens qui voyagent peu, et mal. Lorsque je travaillais comme agente de bord, j'ai eu l'occasion de débarquer dans plusieurs pays. J'ai remarqué que certaines personnes voyagent sans s'adapter. Ce sont elles qui critiquent à propos de tout et de rien, qui s'esclaffent devant une coutume qui leur est étrangère, qui fréquentent les Mc Donald's et autres fast-food du genre alors qu'ils sont en Europe, qui comparent sans cesse ce qu'ils voient à ce qu'ils connaissent trop bien, etc. Je crois que le déplacement géographie nécessite une bonne dose de polyvalence, de curiosité et de respect. D'une certaine façon, c'est ce que nous montre Deschamps dans la première partie de ce monologue. La fermeture d'esprit du citadin fait rire. Ce qu'il dit n'est pas non plus tout à fait faux, il est vrai que certains parlers régionaux sont difficilement compréhensibles (et c'est le cas partout dans le monde) et qu'il fait diablement plus froid à Chibougamau qu'à Montréal. La tactique dont il use, qui pousse jusqu'au bout le raisonnement d'un discours, nous fait vite réaliser le ridicule de ces préjugés, et leur grossièreté. En réalité, il n'y a pas que les préjugés sur les régions éloignées qui sont évoqués, il y a ceux sur la ville. *Non, pis Montréal, eille, quelle ville! Eille, nous autres, on a la pollution, la prostitution, la violence, les meurtres, la drogue, on a toute!* C'est ça qui est bien avec les monologues d'Yvon Deschamps, c'est qu'il nous met devant des attitudes que nous avons tous eu, un jour ou l'autre, ou que nous avons encore, et qu'il nous pousse à en rire, parce qu'elles sont bel et bien risibles.

Quant à la seconde partie du texte, qui fait référence à l'organisation budgétaire du Québec, elle est savoureuse! *Alors la nouvelle politique, c'est que le gouvarnement va continuer à collecter des impôts mais y donneras pu de services. Oui parce que le déficit, c'est la faute du monde!* Il est vrai que la politique actuelle, ou du moins celle d'il y a quelques années, qui mettait continuellement l'emphase sur le déficit, a terrorisé les Québécois et instauré un incroyable climat de suspicion par rapport à tout ce qui concerne les finances de l'état. Les gens sur l'aide sociale étaient perçus comme des fainéants, des voleurs ou des incapables qui grugeaient les fonds de l'État. En vérité, qui est-ce qui coûte le plus cher à l'État : une vieille dame à qui l'on verse 450 $ par mois ou un voleur de voitures récidiviste qui monopolise les services de la cour trois fois par mois ? Une femme n'ayant pas les mêmes ressources humaines et intellectuelles que la moyenne des gens et qui est mère de trois enfants à qui l'on verse le strict minimum pour subsister, ou des référendums continus concernant la fusion ou la défusion des villes ? C'est ce qui est très bien dans cette partie du monologue : Deschamps dénonce cette fâcheuse tendance qu'ont eue les politiciens (et par la suite les Québécois) à faire des économies de bout de chandelle afin de réduire le déficit. En réalité, cela a permis à l'État que de déjouer l'opinion populaire et de faire dévier les préoccupations véritables (et critiquables).

Le rêveur – 1979

Troublant personnage, ce rêveur. Il voyage constamment entre deux mondes ; celui de la manufacture et celui du rêve. Mais il chambarde la réalité. C'est en travaillant à l'usine qu'il rêve à la mer et c'est au cours de ses nuits que son boss le hante et le poursuit. Il m'entraîne dans ses imageries diurnes et ses cauchemars nocturnes. Je l'écoute, je me rapproche de lui et je partage le temps d'une chanson ses sentiments et ses émotions.

Les mouvements, les espaces, les lieux défilent… Le rêveur navigue entre la routine et l'aventure, entre l'ici et l'infini, entre la torture et le bonheur, entre le jour et la nuit, entre… Je m'engage dans son sillage. Il me perturbe. Je n'arrive pas à me fixer, je suis ambivalente.

La fraîcheur et la légèreté de ses rêves me soulèvent et m'enchantent.

> « Je rêve souvent à la mer
> Je rêve souvent à refaire ma vie
> Tout en travaillant
> Je pars en dedans vers l'infini
> Je rêve souvent à la mer
> Je rêve souvent à refaire ma vie »

Puis doucement, sans trop que je m'en rende compte, ses mots m'alourdissent et m'allègent à la fois. Le fardeau et le train-train de son quotidien m'agressent et me figent. Mais, en même temps, la volupté et le charme de ses rêveries me séduisent et m'apaisent. Je me sens ballottée. Je ressens les effets de son esclavage servile et j'étouffe. Je regarde dans sa mire, j'adopte ses vues sans frontières, et je m'évade.

« Le bruit des machines
Les cris de l'usine, je les oublie
À la pause café
En quelques pensées
Je navigue vers d'autres ports
Deux sucres pis un lait
Le temps est mauvais
Le vent souffle trop fort
Au fond de ma tête
Cyclones et tempêtes
Je frôle la mort
Mais la pause est finie
Me voilà reparti
Seul maître à bord

Je rêve souvent à la mer
Je rêve souvent à refaire ma vie
L'air de travailler
Presque sans bouger
Je suis reparti
Je rêve souvent à la mer
Je rêve souvent à refaire ma vie
Devant ma machine
Je m'évade en sourdine
Vers d'autres pays »

La brutalité surgit, le fantôme de ses nuits m'effraie, moi aussi. Son rêve se transforme en épouvante, cela m'afflige et me blesse. Comme lui, les morsures et les cris me lacèrent et me déchirent.

> « Mais quand vient la nuit
> Un cauchemar me poursuit
> Une vraie torture
> Sitôt endormi
> Sans quitter mon lit
> V'là la manufacture
> J'rêve que l'boss me crie après
> J'travaille sans arrêt
> J'dis rien pis j'endure
> Mais si l'réveil peut sonner
> J'vas r'partir travailler
> Vers d'autres aventures »

Pourquoi la vie est-elle parfois si dure? Pourquoi faut-il que certains doivent la rêver pour la rendre tolérable? Le rêve serait-il un passe-partout pour entrevoir un bonheur qu'on n'attend plus ou qu'on espère trop?

> « Je rêve souvent à la mer
> Je rêve souvent à refaire ma vie
> J'paye cher pour voyager
> J'suis obligé d'travailler
> Toutes les nuits
> Je rêve souvent à la mer
> Je rêve souvent à refaire ma vie »
>
> Si je pouvais recommencer
> Comme j'aimerais effacer
> Toutes mes nuits »

Je sais, la vie est loin d'être une chanson qu'on écrit. Mais je me dis que la force de nos rêves et de nos projets peut nous valoir certains droits d'auteur sur la vie. Sans pouvoir effacer le passé, je crois qu'il est possible de scénariser et de réaliser quelques séquences de notre vie. Cela nécessite des rêves ambitieux et réalistes mais... Tiens! Tiens! Je viens de troquer l'ambivalence pour la dualité. Ça, je peux m'en accommoder. La coexistence du rêve et de la réalité, une idée viable, qui me redonne mon équilibre.

Pour moi, rêver, c'est s'absenter temporairement du réel. Ce n'est pas abandonner. Rêver, c'est se présenter aux rendez-vous que l'on a dans un autre univers. Rêver, c'est aussi en revenir avec des secrets et de l'outillage neuf pour façonner des petits bouts d'avenir. Rêver, c'est être fidèle à nos rendez-vous avec l'inconnu... et pourquoi pas avec des instants de bonheur!

C'est comme ça la vie (1) – 1977

À la lecture de cette chanson, je souriais sans cesse. Non pas parce que j'avais envie de rire, mais plutôt parce que je pouvais faire des liens entre ce que je lisais et ce que je pense. Le temps file. La vie est morcelée et ne se raconte pas comme une histoire, c'est ça que semble nous dire cette chanson. La vie n'est pas une intrigue, c'est un amoncellement de courts moments. *La vie c'est comme dans la vie/Des instantanés d'infinis*. C'est exactement ça. Ce que je trouve intéressant, c'est que cette chanson aborde, d'une certaine façon, mon sujet d'études du moment. J'ai remarqué que les histoires, les romans, les films, etc., de par leur construction linéaire et de par leur structure «d'histoire», donnent une représentation erronée de la vie. La fiction, qui ressemble beaucoup à la vie, mais qui ne laisse pas la place à la banalité et au quotidien, donne une fausse idée de la réalité. Deschamps, lui, a mis le doigt sur la question. La vie est tissée de tous ces moments qui, sur le coup, nous paraissent très anodins, ennuyeux ou ordinaires. On dirait que l'on s'attend toujours à vivre des instants intenses, entiers, hors de l'ordinaire, et que c'est ce qui donne à notre vie toute sa qualité. Au fond, ce n'est pas vrai. L'intensité sans interruption, c'est dans la littérature ou dans le cinéma qu'elle est, dans la fiction. La vie, elle, fournit un peu de tout: des moments enlevants, mais aussi du quotidien sans histoire. Et, qui plus est, la vie est fugace, éphémère. *À peine le temps de se dire quelques mots/Le temps de s'être reconnus/Le temps de se dire à bientôt/Et c'est le temps de se perdre de vue*. À peine le temps de réaliser ce qui se passe, que c'est déjà terminé...

La fin de la chanson, qui fait le parallèle avec la vie sur scène, est aussi excellente. Il est vrai que ce mythe est répandu : la scène donne aux artistes une auréole, et l'on a tendance à croire que leur profession leur apporte tout ce qu'ils veulent. Pourtant, et je crois que c'est le cas de nombreux artistes, la solitude est omniprésente chez ceux qui pratiquent ces métiers. Pour être créateur, il faut, d'une certaine façon, avoir un recul par rapport au monde, pour le repenser, le critiquer, en rire ou le recréer. La relation avec le public est donc elle aussi éphémère, de la même façon que les instants heureux de notre vie. *Ici c'est comme dans la vie/On est tout seuls quand c'est fini [...] On est tout seuls quand c'est fini/On est vraiment tout seuls.*

C'est comme ça la vie (2) – 1977

Comme introduction, ce n'est pas de tout repos !!! Je me fais déjà aller les méninges.

À peine le temps...à peine le temps...à peine le temps... répète Yvon. Et ça me saisit de voir la vie focaliser sur le temps qui fuit.

> « À peine le temps de dire allô
> À peine le temps de dire salut
> Y m'semble qu'y aurait fait plus beau
> Si y avait pas tant plu
>
> À peine le temps de se dire quelques mots
> Le temps de s'être reconnus
> Le temps de se dire à bientôt
> Et c'est le temps de s'perdre de vue »

Oui, la vie c'est comme ça ! Et ça me laisse songeuse. Pour en profiter, peut-être vaudrait-il mieux prendre plus souvent le temps de converser plutôt que de le passer à bavasser.

Une bonne conversation, c'est un dialogue, c'est une aventure, c'est une rencontre. C'est vivant, ça fait naître, découvrir, construire, des idées, des projets, une pensée, une vie... Le bavardage, peut-être comme entrée en matière... Mais, si ça dure trop longtemps, ça ne mène nulle part. Parler de la pluie et du beau temps, c'est finalement parler pour parler. C'est à sens unique. Le verbiage avec le temps, même avec du bien bon monde, ça devient épuisant et lassant. Pourquoi se mettre les pieds dans les plats?

Et le contenu se corse encore.

« La vie, c'est comme ça la vie
Des instantanés d'infinis
La vie, c'est comme ça la vie
Des au revoir et des mercis
La vie, c'est comme ça la vie
Des « c'est pourtant vrai qu'on vieillit »
La vie c'est comme ça la vie
Sitôt entré, déjà sorti »

Là, je suis perplexe. Je m'accroche à l'expression « Des instantanés d'infinis ». Est-ce que c'est simple ou complexe? Qu'est-ce que ça implique? Est-ce que ça veut dire qu'il pourrait y avoir une parcelle d'éternité dans un instant? Je me réponds oui. Je me souviens de moments de souffrance et de bonheur inoubliables, donc ils durent encore.

Et puis je me dis aussi, le temps, c'est un nombre incalculable d'instants qui passent et qui viennent sans jamais s'arrêter. Chaque instant, c'est comme la vie « Sitôt arrivé, déjà parti », mais c'est aussi vrai de dire « Sitôt parti, déjà arrivé ». Comme ça, je peux avoir la chance de me reprendre. Si je gâche des instants qui passent, j'ai au moins l'occasion d'essayer de vivre les prochains autrement. C'est aussi ça la vie.

Enfin quelques couplets plus tranquilles. Ça me permet de me reposer les méninges.

« À peine le temps d'vous dire allô
À peine le temps d'vous dire salut
Y m'semblait qu'il était plus beau
Mais y est pas laid non plus
À peine le temps de dire bravo

À peine le temps de dire «J'en peux pus»
Mais j'espère qu'y va avoir du nouveau
Depuis la fois qu'on l'a vu»

Le temps d'voir vot'voisin rire ben gros
D'une farce qu'y pas compris non plus
Le temps de fermer le rideau
Et ce sera l'temps d'vous perdre de vue»

La pause n'est pas très longue. Ça redevient sérieux. Je l'avais oublié, la vie a une fin. C'est comme ça la vie.

«Ici c'est comme dans la vie
Quand c'est l'fun, c'est tout d'suite fini
Ici c'est comme dans la vie
Si c'est long, c'est qu'on s'ennuie
Ici c'est comme dans la vie
Faut bien préparer sa sortie
Ici c'est comme dans la vie
On est tout seuls quand c'est fini

On est tout seuls quand c'est fini
On est vraiment tout seuls
Ah oui, on est tout seuls
On est tout seuls quand c'est fini
Bien l'bonsoir et merci»

Y lâche pas. Ah non, y lâche pas. J'apprécie qu'Yvon me fasse rire mais, en même temps, il me force à cogiter. Yvon, c'est comme ça...

Je suis très sensible à la durée émotive de l'instant. Mes temps forts sont toujours trop brefs et mes temps morts me semblent éternels. […]

Deux fois déjà - 1973

Cette chanson, je la comprends comme une révélation que nous ferait Deschamps de son expérience d'humoriste. *J'aurais voulu par mon départ/N'être plus que dans vos regards/Une imperceptible lueur/Qui vous rende les yeux rieurs/N'être plus qu'un de vos sourires.* C'est un peu comme s'il nous disait qu'il avait voulu quitter la scène parce qu'il doutait de lui, de son œuvre, de son discours et de son humour, mais qu'il avait pris conscience de l'importance de son travail grâce aux commentaires du public, grâce à ses rires et à ses compliments, grâce à son appréciation. Cette chanson est humble. Deschamps ne dit pas qu'il est un bon humoriste, il dit seulement que ce qu'il fait, c'est de vivre, tout simplement. *Je reviens avoir peur de tout/Je reviens vivre un point c'est tout.* Voilà, c'est élémentaire, mais c'est ça. Yvon Deschamps se livre, dans ses textes, dans ses monologues et dans ses chansons, il exprime ce qu'il vit, ce qu'il ne comprend pas, ce qui l'attriste, etc.

L'humour apparaît donc comme un exutoire. Deschamps n'est pas le premier humoriste à être extrêmement lucide et désillusionné. Je crois que c'est le propre des gens qui font rire d'être un peu malheureux. Quand on est capable de rire de soi-même, c'est parce qu'on est conscient. L'humour est très proche du cynisme, et le cynisme est souvent le fruit de la déception et du désabusement. La chanson, qui est comme une confession modeste et sincère, résume, selon moi, le parcours professionnel de Deschamps. En même temps, je crois qu'elle rend compte de sa conception de la vie: elle est toute en contradictions (j'ai voulu partir, mais je suis revenu), elle impose elle-même certaines situations (j'ai voulu partir, mais la vie a décidé que je reviendrais), et elle est très réaliste.

Rassuré, je viens vous dire/Oubliez tout, vaut mieux en rire.

Troisième partie

8

De *Qu'ossa donne?* à *Comment ça 2000?* en passant par *U.S. qu'on s'en va?*

Yvon Deschamps est un homme qui questionne. Sans cesse, ses monologues font appel aux valeurs et aux contre-valeurs. Premier degré. Deuxième degré. Provocation – réflexion. Exemple : en faisant un monologue sur l'intolérance, il nous invite aussi à une réflexion sur la tolérance, en décrivant les types de familles actuelles, il nous propose également une réflexion sur l'harmonie parentale.

Ici, je vous présente en quelque sorte un récit des principales histoires qu'il raconte dans ses monologues depuis 1968. En lisant cela d'un trait, j'ai constaté que la continuité et la profondeur sont présentes dans toute son œuvre.

1968-1969

1. **Les Unions, qu'ossa donne?**

Un regard sur toute une époque. Avec «une job *steady* pis un bon *boss*», un gars a tout ce qu'il lui faut dans la vie. Il lui reste juste à se soumettre aveuglément aux manipulations perverses de son boss et à être reconnaissant de tant de bontés venues de l'autorité. Pour consoler son employé attristé et démuni la journée de l'enterrement de sa femme, son boss lui dit : « Voyons, voyons, qu'ossa donne de s'morfondre ? Viens-t'en, on va aller travailler. » L'employé soumis et reconnaissant dit : « Y est resté avec moé toute l'après-midi, y m'a pas lâché. [...] Pis moé j'tais content qu'y soye là, mais lui y était inquiète parce qu'on avait une grosse job pis fallait qu'à sorte c'te soir-là [...] avant d'partir j'y ai dit : « Boss, j'sais pas comment vous r'mercier. » »

2. Pépére

Nos parents ont beau être vieux, malades... on les aime et les respecte encore. Le poids de la vieillesse, de l'inaction et surtout de l'inutilité est lourd à porter, tant pour la personne âgée que pour son entourage. Malgré tout, les aînés s'accrochent à la vie. Après leur départ, rien n'est plus pareil pour ceux qui restent. Un grand vide s'installe.

Mon père disait : « Des fois, y est ben achalant mais tant que je s'rai en vie, y s'ra pas dit qu'mon vieux père va moisir à l'hospice. » [...] « Eille, y était vieux là, ça pas d'bon sens c't'homme-là [...] y se r'tenait pareil. On aurait dit qu'y voulait pas partir. C'est drôle à c't'âge-là les vieux ? Ça s'accroche pis on sait pas pourquoi. »

« Des jours, y était pareil comme du monde ordinaire. Dans c'temps-là, y voulait toujours faire queque chose. Y disait : « Si on avait un jardin ou bedon si j'pouvais rentrer l'bois ! » »

« Après, c'tait pus pareil dans la maison. C'est comme que si y aurait manqué queque chose... »

3. La Saint-Jean

Au moment de manifestations publiques, il va de soi que l'omniprésence d'un grand nombre de policiers s'avère nécessaire pour contrer la violence et sauvegarder la paix. Toutes les stratégies sont justifiables pour maîtriser les récalcitrants.

Faut-il parler de brutalité policière ou de violence des manifestants ?

Vaut mieux s'en abstenir. Le journaliste Claude-Jean De Virieux l'a appris à ses dépens.

C'est aussi l'occasion de rappeler d'autres types de violence et de soumission. On revient ainsi à l'image du *bon boss*.

4. Nigger Black

Qu'on soit noir, blanc ou de n'importe quelle autre couleur, on connaît tous des situations semblables: l'école, les loisirs, le travail, la famille… on ne doit pas jalouser les «nègues» parce que, dans le fond, ils sont comme nous.

«[…] quand tu y penses, dans l'fond, y sont pas mieux qu'nous autres. C'est vrai, qu'ossa donne d'être nègue? Ça donne rien! […] y restaient dins même maisons qu'nous autres, y allaient dins mêmes écoles… […] Eille, une fois y m'avait amené chez eux… Y avait une mémére, y avait un mononque pis y avait un père, une mère, des frères, des sœurs, toute pareil comme chez nous.»

5. C'est extraordinaire

La modernisation et la technologie sont deux phénomènes extraordinaires qui peuvent améliorer la qualité de vie, mais encore faut-il en avoir les moyens… Le téléphone, la télévision, les avions supersoniques, la réduction des heures de travail, la machinerie, l'armement nucléaire… c'est extraordinaire tout ça, si tu as les moyens d'en bénéficier et tant que tout cela ne gâche pas trop de vies.

6. L'argent

Dans la vie, il n'y a pas que l'argent qui soit important. Il y a bien d'autres choses, mais celles-ci sont parfois difficiles à déterminer. Une trop grande quantité d'argent et de biens matériels peut causer bien du trouble et apporter bien des ennuis. De toute façon, personne ne peut tout avoir dans la vie. Vaut mieux s'y résigner.

7. Le bonheur

Le bonheur est à la portée de tous. Le bonheur ne coûte rien. Il suffit de savoir profiter des belles choses que la vie nous propose gratuitement. Le soleil, la campagne, la messe sur semaine, se bercer sur la galerie… ça coûte rien et ça peut rendre heureux ceux qui ne chialent pas sans arrêt à propos de tout et de rien. « [...] Le bonheur dans la vie, qu'est-ce qu'y fait? Y passe. Si t'es pas prête pour quand y passe, tant pis pour toé. [...] Parce que le bonheur va pas n'importe y'ou! Le bonheur aime pas n'importe qui pis n'importe quoi! »

8. La maladie

Tout le monde meurt et généralement à la suite d'une maladie. Il existe toutefois une famille spéciale qui ignore la maladie. Là, personne n'est malade parce que la grand-mère surveille tout ça. Elle refuse catégoriquement d'admettre la maladie. Elle préfère attendre que tous partent de leur belle mort. « Mais ça mourait toutes de leur belle mort, en pleine santé. C'tait assez beau d'les voir partir, là! On était assez fiers d'eux autres qu'au salon mortuaire, on en avait pour trois jours à s'promener avec des grands *smiles*. »

9. La violence

La violence est mondiale et troublante. Elle se retrouve partout: en France, en Allemagne, en Italie, en Espagne, aux États-Unis... Ce sont les préjugés qui amènent la violence. Mais le Québec est privilégié. La violence n'y est pas encore, parce que le Québec a un gouvernement stable, un corps policier fiable et ami du citoyen. Cependant, attention! la violence pourrait nous arriver même ici.

1970-1971

10. Le fœtus

Le point de vue d'un fœtus sur la question du droit à l'avortement. Les parents devraient, avant de donner naissance à des enfants, se demander dans quel monde ceux-ci devront vivre. « Entendez-vous en bas? JE SORS PAS! Arrangez-vous avec vos problèmes. C'tait à vous autres d'y penser avant. » [...] « ...Chus tellement bien que c'est ici que j'aimerais mourir... »

11. La honte

La gêne et la honte sont des sentiments qui inhibent la liberté d'expression, qui minent l'estime de soi et la fierté. Le manque de maîtrise de leur langue cause aux Canadiens français bien des problèmes de communication et d'affirmation de soi. Ils se laissent aisément influencer et dominer, particulièrement par leur *boss*.

12. Le p'tit Jésus

Le récit d'une partie de l'histoire sainte relatant la naissance et la vie de Jésus. Ce récit met en parallèle des événements de l'histoire sainte avec des événements sociaux et culturels du début des années 70.

13. Cable T.V.

L'histoire d'un gars qui gagne le « cable » sans savoir qu'il doit le payer même s'il l'a gagné. Faute d'effectuer ses paiements, il le perdra, mais il aura appris beaucoup de choses sur le « cable ». Entre autres : que les Américains ont de bien meilleures nouvelles que nous, eux ils ont la possibilité de « woère », pas juste de « sawoère », eux voient la vraie guerre en direct à la télé…, eux… sont toujours plus en avance que nous. À travers cette histoire, plusieurs problèmes apparaissent : la servitude, la dépendance à la télévision, les questions morales et éthiques reliées à l'information, au droit à l'engagement volontaire, au droit de vie et de mort en temps de guerre.

14. Dans ma cour

Des anecdotes et des faits qui décrivent comment les mères d'une autre époque élevaient leurs enfants au milieu de toute la besogne qu'elles devaient quotidiennement assumer. Une comparaison caricaturale entre les mères d'hier et celles d'aujourd'hui (1970). Une description des mœurs et habitudes qui prévalent en matière d'éducation des enfants.

15. **La noce de la fille du boss**
Une description hilarante des parents et invités à la noce de la fille du *boss*. Au cours de la noce, la jalousie fait des ravages et dégénère en chicane. Mais la journée de noce demeure la plus importante de la vie. « Parce qu'avant de t'marier, le bonheur, tu sais pas qu'osse que c'est. Pis après, y est trop tard. »

1972

16. **L'intolérance**
L'intolérance est responsable des grandes calamités mondiales telles que les guerres, les révolutions, les génocides, les massacres… L'intolérance, c'est pas tolérable, clame Deschamps. Et là suivent des propos de plus en plus discriminatoires sur les homosexuels-les, les Noirs, les Juifs… Une telle tension monte dans la salle. On fait alors l'expérience du processus tolérance/intolérance.

17. **La sexualité**
Plaidoyer léger contre l'amour libre et l'arrivée des films érotiques. Un récit sur les rapports sexuels d'un couple dans lequel la femme, étant « bonne », n'aime pas les relations et considère son mari comme un maniaque sexuel. Ce récit présente trois approches stratégiques: le « coaxage », le collage intensif et la prise par surprise.

18. **Histoire du Canada**
Parodie de l'histoire du Canada relatant l'arrivée, en termes de page(?), l'installation et la vie des Français à Montréal. Madeleine de Verchères et Dollard des Ormeaux sont présentés comme des participants au championnat du premier sport national canadien: « Le tir des sauvages ». Quant à eux, les missionnaires sont vus comme monnaie d'échange pour maintenir l'harmonie entre les Français et les sauvages. « Vivre en harmonie ça veut jusse dire tuer l'monde que ça dérange pas les autres. » Suit le récit de l'arrivée des Anglais sur les plaines d'Abraham. Tout cela dégénère en une séance de thérapie de groupe pour stimuler la hargne des spectateurs envers les Anglais. Une dénonciation de

l'exploitation des ressources naturelles québécoises par les Anglais et les Américains et finalement un rappel de divers événements politiques d'actualité.

19. C'est pas juste

Un monologue qui porte sur les inégalités et les injustices sociales qui débutent dès la maternelle, sur l'exploitation des travailleurs et la manipulation patronale en usine et sur les injustices qui se produisent même à la cour de justice.

1973-1974

20. La libération de la femme

Plaidoyer caricatural contre le mouvement de libération de la femme; ce plaidoyer allègue que les vraies femmes devraient assumer leur rôle de subalternes, devraient vivre pour les hommes au lieu de chercher à prendre leur place, puisque les femmes libérées ne veulent plus d'enfants et sont responsables de la dénatalité du Québec. Qu'elles ont inutilement peur de l'accouchement, une chose pourtant si naturelle. Le travail de pourvoyeur des hommes est beaucoup plus valorisant et vital que le travail insignifiant des femmes à la maison. Les hommes doivent se forcer pour permettre à leur femme de se sentir utile en leur laissant volontairement certaines routines: responsabilité du lever de tous, du déjeuner, des lunchs, de l'habillage, du lavage, du ménage... de l'éducation des enfants.

21. Ma femme

L'histoire d'un couple sans enfant, marié depuis sept ans. La femme n'est jamais sortie de la maison parce qu'elle ne veut pas sortir. Son mari travaille le jour et passe ses soirées aux diverses activités auxquelles sa femme l'a inscrit; ils se voient donc exclusivement le dimanche. Le mari louange le talent d'organisatrice de sa femme qui réussit, simplement en faisant venir des vendeurs à domicile, à meubler la maison, à remplir régulièrement le frigo, la pharmacie et même à faire fructifier leur compte de banque...

22. La liberté

On a la chance de vivre dans une province libre. Mais de quelle liberté jouissons-nous vraiment? Pour être libre, faudrait être seul-e? Dès que d'autres arrivent et veulent aussi être libres, ça ne marche plus. Pour qu'il y ait des gens libres, il en faut des pognés. On peut juste être lib, même pas libre.

23. Le bill 22

Un monologue qui ridiculise le *bill* 22 qui faisait du français la langue officielle et qui stipulait que les immigrants devaient apprendre le français et s'inscrire à l'école française. Des explications plus ou moins claires sont présentées pour démontrer que ce *bill* n'apportera aucun changement fondamental.

24. La mort du boss

Ce monologue raconte comment les employés apprennent, par la bouche des deux gars du *boss*, la mort subite de ce dernier. Des questions surviennent et laissent prévoir de gros changements à la *shop*, entre autres, l'arrivée de l'union. S'ensuivent des propos sur le caractère sournois, imprévisible et injuste de la mort. Le personnage des monologues ne peut survivre à la mort de son *boss*. Il se suicide en emmenant avec lui son p'tit.

1975-1976

25. La nature

L'heure est grave. Alerte! La pollution, l'inflation et le progrès nous étouffent. Les nouveautés envahissent la ville et c'est juste bon pour nous tuer. Les autos et autres véhicules, ça crée de la pollution. Le crime organisé, les aliments pleins de produits chimiques et le riz, c'est dangereux. Vive le retour à la terre, même si ça conduit au bien-être social.

26. Le positif

Il faut savoir accepter, sans se plaindre, les épreuves de la vie sur terre pour avoir la possibilité de connaître la vraie vie, celle d'après. Roger Lalumière, frappé par un coup de grâce, asséné par une police grasse, a tout compris dans la vie en sortant du coma dans lequel ce coup l'a plongé. Il accepte les malheurs de la vie et, comme le Christ, il assume son calvaire. Ce qui arrive à Roger Lalumière est à l'image de la vie de Jésus. Comme lui, il tombe à diverses stations (de gazoline) qu'il rencontre et comme lui, il meurt et ressuscite. Rendu à la droite du Père, il n'en sort plus.

27. L'histoire sainte / La création

Le récit caricaturé de la création selon l'histoire sainte, une histoire drôle pour expliquer l'origine des noms donnés à Caïn et Abel, pour décrire les épreuves terribles que Dieu a imposées à Abraham avant de le désigner chef du peuple élu et pour questionner la responsabilité démesurée d'Ève et d'Adam dans l'histoire de l'humanité.

28. L'honnêteté / Ma blonde

L'histoire d'un gars qui séquestre sa blonde durant neuf années parce qu'il l'aime trop pour la laisser sortir seule. Un viol survient, il la tient alors pour responsable. Devenue enceinte, elle veut se faire avorter, il la traite d'immorale. Elle met son enfant au monde et le confie à l'adoption. Abandonnée de tous sans ressources financières, elle ferait n'importe quoi pour de l'argent. Quelle fille malhonnête!

29. La peur

À la suite d'une séance de spiritisme, un gars reste inhibé par la peur des revenants.

30. Vive les Jeux olympiques

Monologue qui porte sur l'actualité. Un rappel d'événements sociaux et politiques pour démontrer que le Québec est faible et mou. Il faut se poser la question: «Reste-t-il un homme ferme capable de prendre des décisions?» Oui: Jean Drapeau. Avec la venue des Olympiques pour 1976, nous pourrons enfin avoir un exemple de discipline nous permettant de «courir... après le financement; lancer... notre argent par les fenêtres; sauter... la barrière du ridicule; pédaler... dans marde et nager... dans les dettes!»

1977-1978

31. La fierté d'être Québécois

Un monologue d'ouverture qui fait une rétrospective des événements des deux dernières années : un rappel de la longueur de nos hivers, de l'importance du 15 novembre 1976, de la fierté d'être Québécois, de notre authenticité, de notre âme coloniale… Et là, c'est la dénonciation de toutes nos incohérences. Les Québécois sont mélangés : ils sont communistes de cœur, socialistes d'esprit et capitalistes de poche. Être fier, c'est assez, s'il faut en plus penser, parler et acheter québécois, ça, c'est trop demander. Le Québec n'a que 300 ans d'histoire. Si nous voulons qu'il arrive quelque chose, nous devrons l'accomplir nous-mêmes.

32. Les vieux

Une vieille dame, par suite d'une chicane, dit à son vieux qu'elle veut s'en aller. Suit une évocation de souvenirs, une réflexion sur l'amour, la mort et la fragilité des vieux.

33. La violence

Des histoires pour démontrer et dénoncer la violence qu'il y a de plus en plus un peu partout : à la télévision, à l'école, dans la rue, avec les filles, entre gangs de gars, entre hommes et femmes. Yvon dit : « Ce monologue est inspiré par des histoires que les filles m'ont racontées au Chaînon. La réalité dépasse la fiction. Tu ne peux pas inventer des événements aussi terribles que ça. »

34. Le temps

Ce monologue aborde les notions de temps et de mort. Le temps est une mesure temporelle quantifiable d'une durée définie et standardisée, donc identique pour tous. Le temps a toutefois une durée émotive très variable selon les événements qui s'y inscrivent. Le temps est une force agissante sur le monde. Ce monologue fait mentir plusieurs expressions reliées au temps. Il démontre entre autres que « […] le temps ne passe pas. Nous autres on passe ; lui y reste. » Il démontre aussi que « […] la Mort. Elle, est pareille comme le temps : à passe pas, est toujours là. »

35. J'veux être un homme

Ce monologue présente différentes situations et différents points de vue sur les raisons qui font qu'un homme est un vrai homme.

Un homme, un vrai : ça prend les punitions sans brailler, version d'une mère.

Un homme, un vrai : ça fume, version des chums de 13-14 ans.

Un homme, un vrai : c'est capable de se défendre quelle que soit la grosseur de l'adversaire, ça frappe sans arrêt jusqu'à ce que plus rien ne grouille, ça ne laisse jamais personne lever la main sur lui, version d'un père.

Un homme, un vrai : c'est capable d'arrêter de boire, version d'une épouse.

Un homme un vrai : ça a une maîtresse, version des chums quand t'es marié.

36. C'est la vie

Ce monologue traite de l'escalade de l'inflation, de l'augmentation du coût de la vie, de la baisse de qualité des produits, du chômage et de la pauvreté qui conduisent au crime et à l'emprisonnement. Vaut mieux mourir que de passer sa vie en prison.

1979-1980

37. La mémoire

Avec l'âge, les souvenirs s'accumulent, il faut se spécialiser pour se rappeler : par exemple, quelqu'un peut se spécialiser dans la guerre, les dates peuvent devenir des repères importants. La perte de mémoire ne cause pas juste des désagréments, cela peut aussi être excitant, mais ça peut aussi jouer des mauvais tours.

38. La paternité

Ce thème comporte trois monologues qui présentent diverses facettes de la paternité. Les deux premiers traitent de l'amour paternel alors que le troisième aborde la notion du pouvoir et de l'absence du père pourvoyeur qui s'abstient de s'occuper de l'éducation de ses enfants.

38.1. Quoi, un bébé?

Ce monologue présente la surprise d'une paternité non désirée, les inquiétudes et les insomnies d'un père pendant la grossesse et l'accouchement. Il relate les péripéties d'un père qui s'occupe de son bébé durant ses premiers mois. Il raconte l'exaltation d'un père quand sa petite l'appelle «papa» pour la première fois.

38.2. La petite mentale

Ce monologue présente les exigences de la maladie mentale d'une enfant.

Il rappelle la nécessité de l'autorité parentale, les justifications répertoriées pour camoufler les anomalies, la cruauté gratuite des enfants entre eux, l'acceptation du dépistage d'une maladie qu'on préférerait ignorer, l'inquiétude légitime et morale face à l'avenir d'une enfant atteinte de maladie mentale, le sentiment de honte qui génère l'isolement de l'enfant et des parents, leur déprime, le questionnement au sujet du placement de l'enfant et l'engagement de s'en occuper soi-même pour répondre à l'amour que cet enfant manifeste chaleureusement à ses parents.

38.3. Mon père

Ce monologue retrace le parcours d'enfants ayant vécu avec un père pourvoyeur absent et alcoolique qui se demandent à quoi ça sert d'avoir un père. Plusieurs éléments sont soulevés: les avantages de l'orphelinat, l'affrontement entre le père et les enfants, l'attrait soudain du père pour l'éducation de ses filles devenues adolescentes, la grossesse non désirée d'une fille qui rend le père malade et incapable de travailler et la mort attendue du père.

39. La manipulation

La vie est belle fait partie de ce monologue ainsi que la chanson *Les prophètes*.

Un gars d'extrême droite qui souhaite le retour à un ordre social plus juste, plus vrai et plus moral présente les revendications. C'est une litanie de préjugés sociaux qui déboule. Tout le monde y passe: les assistés sociaux, les chômeurs, les ouvriers, la police, les juges, les étudiants, les grévistes, les syndicats, les gens du petit peuple. Ce monologue implique trois personnages qui interviennent tour à tour : un gars d'extrême droite, un gars *flyé* et un gars d'extrême gauche. Un gars d'extrême gauche coupe la parole au gars flyé en train de manipuler les spectateurs pour tenter de leur faire croire que la vie est belle… quand tu y penses pas trop. Selon lui, « la vie est écœurante ! » La faim, la souffrance et l'injustice envahissent le monde. Il faut sortir le monde du marasme intellectuel et politique. C'est là qu'il présente ses théories extrémistes. Pour enrayer définitivement les injustices, les inégalités et les privilèges, il propose l'établissement d'un système dans lequel l'application outrancière du principe d'égalité pourrait garantir le vraie liberté et la vraie égalité. Il serait ainsi reconnu comme le plus grand prophètes de la terre et pourrait enfin dire : « Ah ! Que la vie est belle. »

40. L'amour

Ce monologue est une parodie de *Roméo et Juliette* vue comme une idylle vécue par des adolescents qui souhaiteraient, à tout prix, faire damner leurs parents. Tomber amoureux devient une maladie grave. Y sont relatés des incidents pour prouver que l'amour, la possessivité et la jalousie rendent débiles et serviles et font même commettre les pires idioties.

1981-1982

41. Les dangers

Ce monologue présente une série de dangers allant des cataclysmes naturels à la peur de se faire voler. Tout y passe : le réchauffement de la planète, la pollution, les empoisonnements alimentaires, les tremblements de terre, les accidents, la maladie, la peur des avions, la peur de sortir de chez soi, etc.

42. La peur

La peur qui fige, qui inhibe, qui empêche d'agir, de vivre, de trouver un métier, de devenir quelqu'un… La peur qui donne le sentiment de n'être bon à rien et de ne rien savoir faire. Un regard trouble sur l'accomplissement et l'inaccomplissement, sur le bien-être et le mal-être.

43. Les filles

Ce monologue parle des filles qui sont outrées de se faire toucher. Pourtant, que peut-on faire d'autre avec les filles? Le reste est plus intéressant à faire avec les gars. Il parle aussi d'une fille maigre et osseuse qui n'a pas de seins. Elle devrait remercier le ciel à genoux qu'un beau bonhomme daigne l'accompagner.

44. Le mariage

Un gars veuf depuis quinze ans nous livre ses réflexions sur les avantages et les inconvénients de la vie en couple, sur les difficultés de vivre seul. Il nous livre aussi ses craintes et ses appréhensions face à la mort. Il s'attarde à l'idée que la vie n'est qu'un passage. Il nous fait part de sa peur de mourir seul.

45. Le jogging

Le jogging, c'est dangereux. Aujourd'hui, ce n'est plus de l'air que l'on respire, c'est de la pollution. Encore la peur qui revient sous forme de cauchemars politiques prémonitoires : Ryan qui se présente aux élections québécoises, Ronald Reagan qui devient président des États-Unis et Drapeau qui a une autre idée. Pour faire passer les peurs, le jogging ne suffit pas, il faut y jumeler l'exercice psychologique. Il faut s'accrocher à quelque chose et y croire. Croire à quoi? Le gars ne le dit pas.

46. L'idole

Ce que l'on n'a pas su dans le monologue précédent, c'est dans celui-ci qu'on l'apprend. Pour vaincre les peurs, il faut croire en l'humain. Il faut lâcher un peu les valeurs trop matérialistes comme l'argent. Un des moyens d'y parvenir, c'est de croire en quelqu'un qu'on admire, quelqu'un à qui l'on voudrait ressembler. Progressivement, cela pourra nous mener à faire confiance à l'humanité.

47. L'amitié

Dans ce monologue, des histoires nous montrent que la confiance peut rendre aveugle. L'amitié à sens unique, ça comprend un traître et une victime.

48. La religion

La trahison d'un ami est une expérience qui mène à ne plus croire en rien ni en personne. Le monde n'est pas plus croche qu'avant, ç'a toujours été comme ça. La religion et le communisme véhiculent le même message: aimez-vous les uns les autres. Dans les deux cas, cela a conduit le monde à la guerre et a généré des pertes de vie incalculables. La croyance religieuse est aveugle et irraisonnée: « L'essence d'un catholique, c'est de rien comprendre.» Faut pas chercher à comprendre toutes les incohérences que certains dogmes et certains principes religieux soulèvent; il faut avoir la foi et suivre le pape qui est infaillible.

1983-1984

49. Le comique

Certains artistes soulèvent l'admiration, le délire, l'adulation... Mais être un comique, ça provoque le rire, les gens rient de toé. Ça, c'est pas drôle... même tes enfants ont honte de dire ce que tu fais comme métier. Grandeurs et surtout misères de la vie de comique.

50. Le chanceux

Un gars paralysé raconte à quel point il aime rire et faire des farces. Être handicapé n'empêche pas de rire. Il se considère comme chanceux même s'il a connu plusieurs déboires: la perte d'une main, une chute qui l'a rendu infirme... Il est encore en vie.

51. Les tapettes

Ce monologue est un plaidoyer contre les tapettes qui envahissent la société. Ils veulent maintenant être partout: en politique, dans la police, dans le sport professionnel, dans l'enseignement... Un plaidoyer qui démontre qu'un viol homme-femme est moins grave et moins important qu'un viol homme-homme. Un plaidoyer qui démontre également les injustes privilèges dont bénéficient les tapettes.

52. Le XXVe siècle

Un monologue datant de 2496 qui relate des réalités du XXe siècle. À cette époque, le travail, le stress rendaient malades les gens dans la cinquantaine et ça mourait comme des mouches rendus à 75-80. Le XXe siècle est présenté comme une civilisation aux rites barbares, aux habitudes alimentaires et aux pratiques sportives et sexuelles primitives. Une civilisation de guerre atomique. Guerre qui a instantanément changé le monde... Le XXe siècle, c'est la civilisation pré-Grand Boum.

53. Débile Léger

Monologue qui présente des faits pour expliquer les différences entre la civilisation pré-Grand Boum et celle du post-Grand Boum : le travail versus la robotisation, l'apprentissage universitaire versus l'information reçue en permanence par branchement à un ordinateur central, les noms, la religion avec des Messies différents, la fabrication artisanale des bébés versus la fabrication robotisée... Le message : « [...] faut pas s'moquer des civilisations passées parce qu'y étaient pas pires que nous autres, y étaient justes différentes. »

54. L'aïeul

En fouillant dans l'ordinateur central, Débile Léger découvre qu'Yvon Deschamps est son aïeul. Ça lui permet de constater l'évolution : « Le monde sont partis d'épais, sont devenus idiovisuels avant de devenir complètement débiles. Quelle belle évolution, han? C'est merveilleux ! » Et Yvon Deschamps sort du grand livre des archives pour raconter son monologue *Le Bonheur*.

1992-1993

55. La mémoire II
Ce monologue raconte que les gens aux cheveux blancs perdent la mémoire, ce qui est faux. C'est juste qu'ils ne se rappellent plus. Il faut alors qu'ils se spécialisent ou qu'ils utilisent la visualisation en appliquant la théorie des couleurs qui dit que le rappel des couleurs a le pouvoir de faire ressurgir les événements qui s'y rattachent.

56. Les bénévoles
Par suite des pressions exercées par sa femme, Marcel se rend faire du bénévolat. Il lui arrive plusieurs mésaventures auprès des nombreux bénéficiaires qu'il aide. Les propos et les gestes de Marcel ne sont pas compatibles avec les exigences de la compassion et du respect des personnes.

57. La langue française
Un gars tente d'apprendre les chiffres à son fils arrivé par miracle bien après ses autres enfants. Il essaie aussi d'apprendre à son voisin anglophone à utiliser correctement les déterminants de manière à respecter le genre des mots de la langue française. Il éprouve de nombreuses difficultés lorsqu'il veut démontrer que la langue française est une langue exceptionnelle fondée sur la logique.

58. Les adolescents (Le grand tarla)
Un père déplore le comportement caractériel de son adolescent qu'il supporte de plus en plus difficilement. Non mais c'est vrai, ce dernier régresse et ne sait plus rien faire: il ne parle plus, ne se lave plus, ne bouge plus… Il ne fait plus que manger et grogner.

59. Les noms doubles
Un père craint que son plus jeune fils ne parte pas de la maison et que son plus vieux y revienne, comme c'est arrivé à son voisin lors du divorce de son aîné. Il craint aussi ce qui risque

d'arriver dans quelques années si les parents persistent à vouloir donner deux noms à leurs enfants. Aussi une réflexion sur cette nouvelle pratique de donner des noms doubles aux nouveaux-nés.

60. Histoire du Canada II

Ce monologue est un rappel d'événements historiques vécus par les Québécois entre les années 1950 et 1992. Un regard neuf sur l'histoire basé sur une «lucidité des événements».

61. U.S. qu'on s'en va?

Un citoyen critique le travail des politiciens qui ne connaissent rien à l'économie et ne sont pas plus au fait de l'actualité environnementale. Il relate les ravages que la pollution cause à l'environnement et craint pour l'avenir des jeunes. Il propose ses solutions qu'il juge pleines de bons sens.

1994-1998

62. Maudit fatiquant

Ce monologue relate les malveillances des fatigants qui cassent le fun des autres. Ceux qui préviennent à l'avance que tel spectacle, tel voyage n'est pas recommandable. Ceux qui, par esprit de compétitivité, obtiennent toujours ce que les autres ont acquis mais à de bien meilleurs prix. Ah! Les fatiquants.

63. Dieu

Ce monologue soulève des questions importantes sur l'au-delà et sur Dieu. Au moment de la résurrection éternelle, aurons-nous la possibilité de faire des choix ou ressusciterons-nous tels que nous étions à l'instant de la mort? Quand on parle à Dieu, peut-il nous répondre pour vrai? Pendant que Dieu est présent pour aider ceux qui l'accaparent sans arrêt, il ne peut pas venir en aider à d'autres qui sont plus mal pris, comme les victimes de la guerre, de la faim, de la pauvreté, les femmes battues...

64. La télévision

Les lamentations d'un accro de la télévision (même si les caméras cachées et la télé lui y pus capable) devant tous les maux qui affligent la société : les femmes et les enfants battus, les détenus qui braillent pour ce que la société a fait d'eux, le sida, la maladie, le cancer du au tabac, le système de santé qui se dégrade, la disparition des pensions, le suicide chez les jeunes, la corruption et la régression des jeux olympiques tout ça c'est déprimant.

65. La famille

Ce monologue est une parodie sur l'amour, le mariage, la famille reconstituée et la famille plate. C'est un rappel de l'avènement de la pilule, des communes et de l'amour libre. On fait la connaissance d'un gars de 43 ans qui en est à sa cinquième compagne. « Tu rentres là, c'est la Société des Nations. » Et la cohue de la garde partagée…

On rencontre également la famille plate d'une femme qui a choisi d'avoir un enfant et deux chars. Suivent des interrogations sur la qualité de l'éducation et de l'attention données aux enfants d'aujourd'hui et sur la diminution du nombre de filles en Chine.

66. La mondialisation

Ce monologue est une charge contre la société. Tout y passe : le chômage, les assistés sociaux, le travail au noir, les compressions budgétaires, les pertes d'emplois, les fermetures d'usines, l'exploitation des travailleurs et le faible coût de production du tiers-monde, la création d'emplois et l'arrivée d'investisseurs étrangers, la consommation…

67. Les régions

Un monologue qui met en relief la rivalité entre Montréal, Québec et les régions en faisant ressortir certaines différences. L'allusion à Québec est prétexte à parler du gouvernement qui agit enfin mais auquel on ne peut pas en plus demander de réfléchir. Ce qui nous coûte cher, ce sont : les fraudeurs de l'assistance sociale, les chômeurs, les malades dans les hôpitaux et les vieux dans les centres d'accueil… « Y a jusse une affaire qui compte, c'est le monde. »

68. La technologie

Ce monologue relate l'évolution dans le monde de l'humour depuis 1983. C'est à cette époque qu'on a pu lire dans le journal qu'Yvon « [...] avait pus d'affaire sur une scène ».

Il se considère donc comme en sursis depuis 15 ans et il nous prévient que son agonie peut être très longue...

2000-2004

Les quatre monologues s'enchaînent sans qu'il y ait d'arrêt ou de présentation particulière. Le passage d'un monologue à l'autre est très subtil étant donné qu'ils sont présentés sans coupure et sans pause. C'est le personnage par ses propos qui effectue la transition.

Comment ça 2000? est un spectacle se déroulant comme une pièce de théâtre sans entracte.

69. L'ouverture : 18:43 minutes

Thèmes: Introduction, présentation d'Yvon, de son spectacle et identification du public: léger, très léger, avec beaucoup de nouveaux. En cours de spectacle (incluant la fin du monde), il ajoutera les termes inconscients, léger profond, sentimental, pas très intellectuel et innocent comme certains papes... En un clin d'œil, puisque c'est l'introduction, il aborde aussi les dimensions suivantes: l'argent, le temps, la renommée, le respect du public, la suprématie et la discrimination envers les policiers (tu peux pas être police et penser...).

70. La fin du monde : 38:07 minutes

Thèmes: La peur de la fin du monde. La contestation du pouvoir, la dérision de la glorification de Dieu et des hommes. La fin du monde qui se produit déjà chaque jour pour des gangs de victimes de toutes sortes. L'annonce finale que le XXIe siècle sera très rough.

Ce long monologue remet en question plusieurs éléments fondamentaux de la société: les bases de la religion, la vérité biblique, le pouvoir dictatorial de Dieu, de l'Église et du pape, le

Universel Yvon Deschamps?

pouvoir politique des Américains, le pouvoir de la connaissance et du savoir détenu par les scientifiques et les universitaires. Tout cela est investigué de manière à ébranler les assises de ces grandes organisations sociales.

Le monologue débute par l'émission de la crainte de la fin du monde prévue pour l'an 2000. La crainte perdure jusqu'en 2002 et la fin annoncée ne se produit pas malgré les prédictions d'un astronome renommé.

Une discussion s'engage entre le personnage et un universitaire spécialiste de dates.

Des controverses sur le vrai début s'engagent. Faut-il partir de la création de l'univers, du début de la terre, de l'arrivée de l'humanité: arrivée par petits coups; celle de l'homo sapiens, de l'homo..., celle de l'homo seul? Sûrement pas parce qu'eux, ne sont pas en mesure de se reproduire. Faut-il partir de la naissance de Jésus? Il existe plusieurs calendriers.

Le personnage nous entretient sur le début de la création de l'homme. Dieu est qualifié de grand « flâneux » éternel. Il travaille six jours sur toute une éternité. Essayez d'avoir ça dans une convention collective. Puis Dieu crée l'homme à son image. Il créera plus tard un organisme pour reproduire son chef-d'œuvre et lui éviter de s'ennuyer: la femme.

Des passages de la Bible sont questionnés et mis en doute. Des hypothèses sur l'origine des noms de pape: Pie, Innocent... sont émises. Des critiques envers le pape Grégoire, père du calendrier romain, sont formulées. Le personnage trouve choquantes ses tactiques de vente intimidantes de calendriers par l'armée et non par des scouts.

La violence des papes qui ont fait torturer des gens au nom du christianisme, cette religion d'amour est fortement clamée et dénoncée par le personnage qui hurle son indignation.

Le personnage souhaite une fin du monde rapide, « Bang » et tout est fini. Malheureusement, la fin du monde se produit à coups de « Crunch / Crunch », on part par gangs: les génocides, les tremblements de terre, les glissements de terrains, les immeubles qui tombent, les actes de terrorisme qui se commettent un peu partout; c'est la fin du monde chaque fois, que ce soit en Iran, en

Corée, en Afrique du Sud ou ailleurs. Le mal voyage. « C'est pour ça que les gens voyagent : pour changer le mal de place. »

La pauvreté, la famine, le sida... font des ravages partout. Mais le terrorisme à New York est pire qu'ailleurs : 3 000 américains adultes qui périssent valent plus que 600 000 enfants qui meurent en Irak.

D'autres désastres font aussi œuvre d'anéantissement : la nourriture génétique, les météorites qui risquent de provoquer le glissement de la calotte polaire, ce qui ferait qu'on se ramasserait à 75 au-dessous de zéro. Les météorites qui risquent aussi de provoquer la fonte de la calotte polaire, là on se noie tous. On aura le choix entre mourir gelé ou noyé.

71. Les baby-boomers : 28 : 26 minutes

Thèmes : Ces problèmes à venir sont attribuables au phénomène de la surpopulation et au vieillissement des baby-boomers. Comment s'en sortir ? Dans ce monologue, les baby-boomers se font vertement critiquer.

Ce monologue porte sur ce qui attend la population d'ici la fin du XXIe siècle. Sous forme de différents exemples tirés de la vie actuelle, le personnage fait de la prospective au sujet :
- de la circulation routière,
- de l'engorgement dans les hôpitaux et dans les centres d'accueil,
- du coût surélevé des baby-boomers préretraités,
- du coût surélevé des exigences des baby-boomers en centre d'accueil (mini-putt, Viagra, confort...),
- du coût engendré par l'augmentation de l'espérance de vie.

La société sera devant la nécessité de faire des choix. Deschamps inventorie alors une série de changements qui seront nécessaires.

72. Les ethnies : 24:25 minutes

Et la transition arrive. En regardant la télé, il voit une foule d'Africains de mauvaise humeur. Au milieu, une tache blanche. C'est le pape qui s'excuse pour les torts causés aux Africains il y a de cela 300 à 400 ans par un autre pape qui avait dit quelque chose de semblable à : « Les Noirs n'ont pas d'âme, vous pouvez les prendre pour esclaves et vous en débarrasser lorsqu'ils ne sont plus bons. »

Le personnage déclare, à la surprise de sa femme, qu'il aime ce pape parce qu'il a le courage de s'excuser et il enchaîne sur les autres qui devraient également le faire. C'est ainsi que nous entrons dans le monologue *Les ethnies*.

Thème : Une caricature du paquet de TROUBES causés par le multiculturalisme qu'a engendré l'arrivée de la loi 101, mise au monde par le psychiatre Camille Laurin. Le P.Q., premier responsable de cette calamité, devrait comme le pape s'excuser à genoux pour le tort que cette loi a faite à tous les Québécois.

Par la suite, ce monologue traite sous la forme d'une longue provocation de tous les maux qu'amènent avec eux les immigrants qui arrivent au Québec et qui viennent de partout :
- problèmes de langue et de communication,
- problèmes de batailles dans les cours d'écoles,
- problèmes de querelles entre automobilistes,
- problèmes de culture et d'intégration aux fêtes nationales : fête de la Saint-Jean, fête du feu des Africains,
- problèmes des us et coutumes entre voisins.

Et une fin vraiment selon l'esprit Deschamps : provocation et réflexion.

9

Une des idoles d'Yvon Deschamps

À l'occasion, Yvon se déplace dans une Bentley 1964, une voiture de collection. C'est un plaisir de l'écouter raconter comment il a réussi à mettre la main sur cette auto après plusieurs années de démarches infructueuses. Un véritable monologue à la Deschamps. En fait, il conduit la dernière automobile de Charlie Chaplin, qui est décédé en 1977.

La fréquentation de Chaplin par Yvon remonte à son enfance et à son adolescence, alors qu'Avila, son père, présentait à ses enfants des séances de cinéma à la maison ou quand il se rendait au cinéma du quartier. L'énorme popularité de Charlot, le personnage créé par Chaplin, ne faisait pas de doute.

Avec le temps, Charlie Chaplin est devenu l'idole d'Yvon. À ma connaissance, ce dernier en a une autre dans le milieu artistique, et c'est Diane Dufresne, qui l'a toujours fasciné par ses spectacles événements et la théâtralité de ceux-ci[21].

Qui est Charlot, ce personnage à l'âme mélancolique? «Une petite silhouette pathétique mal vêtue, un chapeau melon cabossé, un pantalon-sac, de grandes chaussures et une canne prétentieuse», décrit bien le personnage. Mais Chaplin déclare souvent que cette canne est vraiment capitale pour son personnage, car elle constitue toute sa philosophie: «Non seulement je la conserve comme emblème de respectabilité, mais avec elle, je défie le destin et l'adversité», dit-il en ajoutant que «lorsque ses espoirs, ses rêves, ses aspirations s'évanouissent dans la futilité et le néant, il secoue tout simplement les épaules et tourne les talons».

Il y a beaucoup d'éléments communs entre l'esprit Chaplin[22] et l'esprit Deschamps: tous deux ont inventé un personnage leur permettant de faire passer leur humour, tous deux croient que le tragique est proche du rire, qu'il faut bien rire en face de notre impuissance à régler tous les problèmes qui nous entourent, que le créateur doit se mettre dans des situations embarrassantes et y placer les autres aussi, qu'une comédie est d'autant plus forte qu'elle frôle le registre tragique, et qu'il est alors possible d'aborder tous les sujets, même les pires horreurs, que la création est nécessairement transgression, que la création mise sur le plaisir du public mais également sur ses émotions, car le public doit se retrouver dans les actions ou dans les propos du créateur.

Yvon est admiratif devant le travail remarquable accompli par Charlie Chaplin tant dans son rôle de Charlot que dans tous les autres films parlants qu'il a écrits et réalisés. Nul doute que des films comme *Le Dictateur* et *Les Temps modernes* ont marqué l'imaginaire de Deschamps. Avec ce type d'œuvres, Chaplin est devenu de plus en plus critique envers la société. Il a vécu alors «une succession de campagnes d'hostilité, d'une virulence croissante jusqu'à son départ des États-Unis».

L'humour dramatique de Deschamps

Pour moi, la liberté de l'intelligence[23] et la liberté d'expression fondent cette œuvre si personnelle qu'est celle d'Yvon Deschamps. Ses monologues doivent être considérés comme des constructions intellectuelles basées sur une connaissance approfondie de l'humain, connaissance acquise par une longue observation de la société et de lui-même. Son esprit humoristique est un assemblage inattendu d'idées et d'observations variées, présenté avec rapidité, intelligence et sens de la répartie. Yvon

Universel Yvon Deschamps?

Deschamps ne dit pas les choses comme les autres, parce qu'il aborde des dimensions historique, politique, sociale et philosophique. Et, surtout, il utilise abondamment l'ironie dans sa forme la plus simple, qui consiste à dire le contraire de ce que l'on pense.

Mais l'humour de Deschamps est surtout dramatique en ce qu'il crée sans cesse une tension chez le spectateur, tension qui se résorbe par les rires en cascade. Il a l'art de tourner le tragique en ridicule. Avec Yvon, l'humour n'est pas uniquement de la détente. Cette forme d'humour ne plaît pas à tous, comme le démontre ce témoignage :

« Un soir qu'Yvon présente son monologue *Mon père*, ma mère rit aux éclats et crie au génie. Mon père déblatère et s'écrie : « Ça se peux-tu dire des niaiseries de même, se penser drôle et en plus être payé pour ça ! » Il ajoute sérieusement et agressivement à l'intention de ma mère : « J'comprends vraiment pas ce que tu peux trouver de drôle là-dedans, une femme comme toi qui es supposée être intelligente. Pourtant, pas besoin d'avoir été à l'école longtemps pour s'apercevoir qu'y a pas de quoi rire mais qu'on devrait en brailler. » Là, ma mère monte le volume, le toise d'un regard mauvais et lui dit carrément de se taire parce qu'il lui fait manquer des bouts. Promptement, mon père se lève. Pas de doute, il est en furie. Il se rend dans la cuisine, juste à côté. Il s'arrête à l'évier, fait longuement couler le robinet à haute pression et se sert un grand verre d'eau. « Ça va me refroidir les sens, laisse-t-il échapper, les dents scriées. » Il s'installe à table et commence à lire les journaux. Jamais je n'ai vu des pages faire autant de bruit juste en étant tournées. Il revient au salon pour les nouvelles. L'image à la télévision est claire et nette, mais les ondes entre mon père et ma mère sont pas mal brouillées. Des années plus tard, je soupçonne mon père d'avoir changé d'avis au sujet d'Yvon. À la vue de celui-ci, il se tient tapi dans sa berçante bleue, la main appuyée au menton pour dissimuler ses rires, mais les soubresauts de ses épaules le trahissent.

« Je le connais, il ne veut surtout pas se faire dire : « Tiens, tu le trouves drôle maintenant. » »

Le type d'humour pratiqué par Yvon Deschamps a toujours été ambitieux et exigeant. En trente ans, cet humour est passé de monologues ayant des thèmes souvent uniques à des monologues vastes et complexes. Aujourd'hui, Deschamps monte des spectacles en revisitant ces monologues et en les associant les uns aux autres. Ces derniers prennent alors des couleurs insoupçonnées. Ils ont une nouvelle vie.

even
10

Est-on universel ou le devient-on ?

> « *Yvon Deschamps n'est pas universel,*
> *comme le dit ton Monsieur,*
> *c'est un homme de sa génération,*
> *qui s'est tenu au courant.* »[24]

Qu'est-ce qui autorise un verdict d'universalité ? Voilà la question posée par le titre même de ce livre.

L'universel désigne ce qui rassemble tous les hommes et toutes les femmes, donc c'est ce qui parle à l'humanité. Autrement dit, une œuvre est universelle si elle nous apprend quelque chose sur nous-même, peu importe où elle a été créée. Par conséquent, une personne universellement connue n'est pas automatiquement déclarée produire une œuvre universelle. De plus, une personne ne peut décréter que son œuvre est universelle puisque celle-ci peut l'être seulement si elle produit des résonances et si elle est disponible à toute forme d'appropriation. « Universel : qui vaut pour l'univers entier, ou pour la totalité d'un ensemble donné. C'est en ce dernier sens que les droits de l'homme sont universels : non pas parce que l'univers les reconnaît [...], mais parce qu'ils valent, en droit, pour tout être humain», explique dans son dictionnaire philosophique André Comte-Sponville.

Dans ses monologues, Yvon Deschamps ne donne de leçon de morale à personne. Il n'est donc pas un moralisateur. Mais il est un moraliste, puisqu'il réfléchit sur les mœurs et sur la nature humaine. Vue sous l'angle des valeurs, l'œuvre de Deschamps est inspirée et inspirante. Inspirée parce qu'elle véhicule des valeurs multiples quelquefois cohérentes, souvent ambivalentes. Inspirante parce qu'elle n'est pas neutre, elle propose une vision personnelle et sociale de la vie. Les monologues de Deschamps sont porteurs de dizaines de valeurs : le bonheur, l'argent, la soumission, le respect de l'autorité, le respect de soi et des autres, la liberté, la tolérance, la famille, le temps, la suprématie, la productivité, la rivalité, le partage, l'accomplissement, l'honnêteté, l'engagement, l'obéissance, la responsabilité, l'honneur, la justice, la fidélité, la démocratie, l'amour, l'amitié... Les dilemmes, une autre facette de l'existence, se manifestent dès qu'on s'inspire des valeurs. Il y a dilemme quand une personne a l'obligation de choisir entre ce qui vaut pour elle et sa contre-valeur. À cet égard, l'œuvre de Deschamps est riche d'enseignement, puisqu'elle joue sans cesse dans les différents dilemmes de la vie. Et il y une certaine universalité dans les dilemmes, bien que certains soient des particularismes de cultures données. Les dilemmes associés au bonheur, au temps, à la liberté, à la soumission, à l'argent, au travail, à la famille, à la sécurité et à l'honnêteté rejoignent la majorité des personnes sur cette terre.

L'œuvre de Deschamps est ambiguë, complexe et subtile. Certains monologues sont joyeux, d'autres tristes, légers, mélancoliques ou dévastateurs. En ce sens, il s'agit d'une œuvre ouverte[25].

On trouve aussi dans cette œuvre des résonances quelquefois semblables, quelquefois différentes chez les diverses générations de personnes. Les témoignages contenus dans ce livre illustrent bien ce phénomène. Par exemple, tous les témoignages sur le bonheur sont assez proches les uns des autres, tandis que ceux sur l'amour ou sur le vieillissement divergent sensiblement. L'expérience de la vie amène chacun à trouver de nouvelles choses dans une œuvre qu'il apprécie depuis longtemps.

Universel Yvon Deschamps?

Dans le sens des définitions proposées plus haut, l'universalisme d'Yvon Deschamps ne fait pas de doute dans mon esprit. Il n'est plus à démontrer que les thèmes sous-jacents à ses monologues et à ses chansons ont un intérêt très large. De plus, son œuvre est porteuse de valeurs multiples, ce qui lui donne une profondeur dépassant l'actualité. Les thèmes et les valeurs restent, tandis que l'actualité est sans cesse renouvelable. Souvenons-nous qu'au milieu des années 70, Yvon a commencé une fructueuse carrière aux États-Unis, encadré par une équipe américaine qui croyait beaucoup au potentiel de ses monologues, et qu'il a même produit un album en langue anglaise. La réception a été très bonne, mais il a décidé de rentrer à Montréal afin de fonder une famille.

Maintenant, un bémol quant à l'avenir.

La parole de l'auteur Deschamps s'incarne exclusivement sur scène[26], dans un langage qui lui est propre, à l'aide d'une présence exceptionnelle. Je me demande souvent si un autre humoriste pourrait, avec succès, reprendre les monologues d'Yvon. Je suis perplexe. Les quelques tentatives faites par certains artistes ne sont pas très convaincantes, sont même plutôt décevantes. Charlie Chaplin disait qu'il était «réfractaire absolu à toute création qui ne soit pas extraite de son ventre». Je me souviens qu'Yvon a dit un jour que tous ses monologues d'avant 1985 sortaient de lui dans le style et dans le langage qu'on lui connaît. Il n'arrivait pas à expliquer le phénomène. On peut faire l'hypothèse que ses pensées et ses souvenirs les plus significatifs remontaient de son âme profonde. Encore aujourd'hui, il livre les monologues de cette époque dans le même ton avec autant de facilité. Ces monologues lui collent à la peau.

Cette œuvre est-elle condamnée à ne plus être diffusée quand Yvon ne le fera plus lui-même? On a peine à s'imaginer un monde sans le personnage d'Yvon Deschamps qui raconte la vie sans ménagement et avec philosophie.

Je crois que des artistes et des créateurs d'ici et d'ailleurs vont reprendre cette œuvre et s'en inspirer pour aller vers de nouveaux horizons:

En mettant davantage l'accent sur les aspects dramatiques de cette œuvre. Il me semble que plusieurs monologues se rapprochent du théâtre.

En revisitant les chansons et en les interprétant différemment.

En favorisant l'étude de cette œuvre dans le milieu scolaire; en l'intégrant à des discussions sur les valeurs notamment.

Il reste que cette œuvre, par son universalité, est «une inépuisable disponibilité à tous les investissements possibles et imaginables».

Notes à la lectrice et au lecteur

[1] Chez Lanctôt, éditeur, 1998. Tous les extraits de monologues et de chansons contenus dans *Universel Yvon Deschamps?* sont tirés du volume *Tout Deschamps*.

[2] Extrait d'une entrevue réalisée en janvier 1997 pour la rédaction de la biographie, *Yvon Deschamps, un aventurier fragile*. Archives personnelles de l'auteur.

[3] Il faut se rappeler toute la controverse québécoise sur les biographies autorisées et non autorisées. Nous étions donc à l'automne 1997, période de la guerre entre deux éditeurs autour de la biographie de Céline Dion : l'une autorisée par René Angelil et l'autre pas. Pour ma part, dans l'avant-propos de mon Deschamps, j'ai écrit qu'il s'agissait d'une biographie non autorisée puisque le sujet avait renoncé à un droit de regard sur cet ouvrage. Devant quelques journalistes, quelques mois plus tard, Yvon Deschamps a déclaré qu'il s'agissait « d'une biographie techniquement non autorisée ».

4   Il s'agit ici de ce que j'appelle une architecture de valeurs personnelles, c'est-à-dire un amalgame de valeurs de même famille, donc qui sont compatibles entre elles. Généralement, ce type d'architecture se compose de cinq ou six valeurs, mais quelquefois d'un nombre plus restreint.

5   **Récit de la naissance d'une biographie.** En décembre 1996, je venais de publier un essai intitulé *Demain, une caricature d'aujourd'hui*, livre somme toute assez pessimiste. À partir d'un long argumentaire basé sur des faits tirés de tous les domaines de l'activité humaine, j'y ai développé l'idée qu'il est relativement facile de prévoir l'avenir : il suffit de bien comprendre le présent, puisque l'avenir n'est que la caricature de celui-ci. En d'autres mots, la situation observée ne fera qu'empirer au cours de la décennie suivante. Dix ans plus tard, quand je relis les prévisions mentionnées dans ce livre, je crois de plus en plus que l'hypothèse est malheureusement assez fondée.

Je venais donc de publier cet ouvrage, auquel j'avais beaucoup travaillé, et j'étais à la recherche d'un nouveau projet. Il faut bien le dire, j'avais aussi une certaine lassitude des essais.

Un matin de la mi-décembre, en réfléchissant à tout cela, j'ai un flash : je vais écrire une biographie, chose que je n'avais encore jamais faite. J'étais emballé par l'idée. Il me restait à trouver la personnalité sur laquelle j'avais envie de travailler. Comme l'écriture d'un livre s'étend habituellement pour moi sur une période d'une année, le choix de la personne ne devait pas se faire à la légère. Moins d'une heure plus tard, une évidence s'impose à moi : Yvon Deschamps était le seul sur qui j'avais envie d'écrire. Il convient parfaitement au type de projet que je veux développer. Cet homme, même si je n'avais jamais eu l'occasion de le rencontrer personnellement, présentait des traits de personnalité intéressants : il avait des préoccupations sociales, philosophiques, existentielles...
À la fin de l'avant-midi, j'avais déjà rédigé les quatre ou

cinq pages destinées à Deschamps et décrivant mes intentions de travail. J'ai expédié mon projet au manoir Rouville-Campbell par service de messagerie l'après-midi même, pour qu'il le reçoive le lendemain.

En réalité, j'étais tellement motivé que j'avais pris la décision de mener ce projet à terme, que monsieur Deschamps décide d'y collaborer ou non. Ce que je voulais écrire, c'était une biographie non autorisée parce que je voulais rester maître de mes décisions. Bref, je souhaitais que mon sujet collabore, mais je voulais structurer mon livre comme je l'entendais et lui donner la teneur qui me convenait.

À partir de ce jour, j'ai réécouté tous les albums de cet artiste, j'ai commencé ma recherche documentaire et j'ai établi une chronologie des principaux événements de sa carrière. Et j'ai pris beaucoup de plaisir à analyser ses textes à l'aide de mes outils conceptuels pour cerner les valeurs et les tendances sociales.

Aucune nouvelle au cours des semaines suivantes.

Je me souviens qu'il avait fait l'émission *Bye Bye* à Radio-Canada cette année-là en présentant un monologue sur les régions. J'imagine que son temps des fêtes avait été assez occupé. En fait, comme il ne m'avait pas encore répondu, j'avais envoyé des télécopies, à lui et à son agent, pour leur rappeler que j'attendais une réponse de leur part. Peu après, je crois que c'était le quatorze janvier, j'ai reçu un appel de l'humoriste. Après une brève conversation d'usage, je lui ai demandé si cette biographie l'intéressait. Il m'a dit d'un ton ferme qu'il n'était pas intéressé. J'ai repris la parole pour lui expliquer que j'aurais beaucoup aimé obtenir sa collaboration. Il m'a délicatement interrompu pour me dire qu'il n'avait pas terminé ce qu'il avait à dire : « Ça ne m'intéresse pas, mais si vous ça vous intéresse, je vais collaborer. » On a alors fixé une première rencontre pour que je puisse lui expliquer en détail le sens que je voulais donner à ce travail ainsi que les façons de procéder. Ce qui m'intéressait surtout, c'était le lien entre son travail, son œuvre et la société. Sa vie privée aussi, mais seulement parce qu'elle ajoutait à la signification que je voulais donner au livre. Nous avons donc établi notre façon de collaborer : nous nous rencontrerions pour des périodes de trois heures afin de réaliser des entrevues que j'enregistrerais. Nous allions choisir des étapes précises de sa vie à propos desquelles je le questionnerais tout en abordant les monologues créés au cours de celles-ci.

J'avais une nette préférence pour la vie artistique et sociale d'Yvon Deschamps plutôt que pour sa stricte vie privée. Certaines biographies s'échafaudent autour de simples anecdotes de la vie personnelle d'un individu et je ne souhaitais pas en écrire une de ce type. Je voulais traiter de l'homme et de son œuvre, je voulais étudier et comprendre de quelle façon tout cela s'introduisait dans la toile sociale et historique du Québec. Certains thèmes sont universels, et c'est de cette façon que j'avais choisi d'aborder la biographie d'Yvon, tout en passant par les étapes importantes de sa vie privée. La structure du livre s'est donc élaborée autour des périodes décisives de son existence : l'enfance, là où naissent souvent les premières intuitions, l'adolescence, les premières créations, son premier travail, les périodes plus difficiles, etc. Je ne perdais jamais de vue que ces étapes devaient être mises en relation avec son statut de créateur. Mon intérêt pour les biographies était doublé d'un souci de les incarner dans le temps et dans les mouvances sociales. Il est évident que cela rejoint aussi mes intérêts personnels et ce sur quoi j'ai travaillé dans le passé, mais cela suit l'évolution de ma recherche et de mes idées. Je serais sans doute incapable de produire la biographie d'un personnage qui ne crée pas, parce que ce que j'ai envie de faire, c'est d'intégrer le particulier dans le collectif et de voir de quelle façon ils cohabitent.

La première fois que j'ai fait une entrevue avec Yvon, il a réalisé que mon projet était sérieux et que j'étais documenté. Je pouvais facilement définir les points tournants de sa carrière et les situer de façon précise dans le temps. Au moment où son agent m'a remis son parcours professionnel, j'ai même décelé certaines erreurs de dates qui y figuraient. Je le leur ai dit et ils se sont rendu compte que je savais de quoi je parlais. Yvon était d'ailleurs plutôt méfiant au début. Même s'il acceptait de collaborer, il n'était pas très enthousiaste, et la première rencontre a été vraiment teintée de méfiance. Nous étions dans le bureau de son agent, Pierre Rivard, qui assistait lui aussi à l'entrevue. Donc, pendant trois heures, j'ai posé des questions à Yvon sous l'œil attentif de son agent... Parfois, celui-ci s'immisçait dans la conversation. En fait, j'étais un peu tendu par cette situation, mais à un moment donné j'ai réalisé que la présence de Pierre allégeait l'ambiance. Je croyais au départ qu'Yvon était le genre de personne à rire constamment, à communiquer facilement, mais j'ai pris conscience que ce n'était pas toujours le cas. En privé, il est plutôt taciturne, il reste parfois silencieux, il y a des moments où il est très joyeux mais, en général, il est discret. Ce n'était pas tout à fait ce à quoi je m'attendais. D'ailleurs, à la rencontre exploratoire au manoir, Yvon m'avait demandé quel serait le titre de la biographie. C'était plus ou moins déterminé, mais j'avais pensé à *Yvon Deschamps, un aventurier tranquille* parce que j'aimais le paradoxe qu'il mettait en évidence. Après cette première entrevue, cela m'est apparu distinctement : ce serait *Yvon Deschamps, un aventurier fragile*.

[6] Tiré de *Réflexions sur le terrorisme* d'Albert Camus. L'écrivain a écrit ces textes entre 1943 et 1958. En 2003, les éditions Nicolas Philippe ont publié un recueil de ces textes teintés d'humanisme tout en étant toujours d'actualité.

[7] *Le Devoir* du 22 juillet 1998.

8 Alain Pontaut, « Pour un portrait d'Yvon Deschamps », avant-propos publié dans *Monologues*, éditions Leméac, 1974, pages 12 et 13.)

9 Commentaire d'Yvon Deschamps sur le monologue « La mort du boss », dans *Tout Deschamps*, page 192.

10 « Juste pour rire ? », dans *Le Devoir*, 28 juillet 1998.

11 *La fin du monde, Les baby-boomers, Les ethnies.*

12 Tiré de Bruno Giuliani, *L'Amour de la sagesse*, éditions du Relié, 2000.

13 La première partie de ce chapitre a été rédigée à partir d'une entrevue que j'ai réalisée avec Yvon au début d'octobre 2000. Certaines parties de cet entretien ont été publiées en décembre 2000 dans le magazine *Guide-Ressources*.

14 *Comment ça, 2000 ?* est le titre de ce nouveau spectacle que Deschamps a présenté un peu partout.

15 Procédé littéraire et philosophique, l'uchronie est l'art de réinventer l'histoire et d'en changer le cours par l'introduction d'une nouvelle vision des choses ou par l'ajout d'éléments fictifs. C'est un jeu de l'esprit, souvent drôle, qui permet de voir autrement le passé et le présent. La technique du « Que serait-il arrivé si… ? » est très utilisée quand il s'agit d'« uchroniser » la vie et le monde.

16 Quelquefois, je me demande si les monologues de la première période de création d'Yvon Deschamps ne sont pas prémonitoires, par exemple du malaise qu'il éprouvera au milieu des années 70 à l'égard de l'accumulation de l'argent.

17 Dans *Répliques*, Quai Voltaire, 1992.

[18] Série « La vie qu'on mène », Terrebonne, *Coup de griffe*, éditions Mille Îles

[19] Je vous invite à lire les témoignages sur *Les Unions, qu'ossa donne?* et *La liberté* qui sont inclus dans le septième chapitre.

[20] *Pour que les valeurs ne soient pas du vent*, Victoriaville, éditions Contreforts, 2002, page 20.

[21] Voir la biographie *Yvon Deschamps, un aventurier fragile*, p. 195-196.

[22] Voir l'autobiographie de Chaplin, *Histoire de ma vie*, 1964.

[23] Expression empruntée au philosophe John Dewey.

[24] Extrait du *verbatim* qui a servi à la rédaction du chapitre 6 de ce livre.

[25] Au sens dans lequel l'essayiste Umberto Eco l'entend.

[26] Certains se rappellent ses aventures télévisuelles, mais il était alors acteur et non auteur. C'est pour cette raison qu'aucun nouveau texte n'apparaît pour la période 1986-1991. Voir le chapitre 8.